能源电力行业格局发展与演变：

能源互联网下的新产业新业态新商业模式

李苏秀　刘　林　等　著

中国电力出版社
CHINA ELECTRIC POWER PRESS

内容提要

本书聚焦能源与信息产业深度融合、互联网经济快速发展、数字化转型加快等趋势下能源电力行业格局发展与演变，深刻剖析"三新"体系下能源互联网的产业发展转型、组织业态与商业模式创新，提出能源互联网创新发展的新思路、新范式，形成能源互联网战略设计与业务创新的研究咨询工具与实践方法论。

全书包括理论思考、产业格局、业态创新、商业设计、案例观察、展望漫谈等部分，系统阐述和研究了能源互联网下的新产业、新业态、新商业模式，研究基础扎实、逻辑方法缜密、案例新颖活泼，能够为读者带来启发性思考。书中设计的"三新"理论研究体系及研究范式、提出的 MAPPER 商业模式引领者模型等一系列模型、工具与方法论，兼具实用性与科学性，易于理解且具有可操作性，能够为相关理论研究、战略咨询及相关实践工作提供参考。

本书可供政府部门、能源电力行业及互联网行业的从业人员、企业管理人员、行业研究咨询人员、高校相关专业师生等参考。

图书在版编目（CIP）数据

能源电力行业格局发展与演变：能源互联网下的新产业新业态新商业模式/李苏秀等著. —北京：中国电力出版社，2023.10

ISBN 978-7-5198-8043-9

Ⅰ. ①能… Ⅱ. ①李… Ⅲ. ①能源工业－工业发展－研究－中国②电力工业－工业发展－研究－中国 Ⅳ. ①F426.2②F426.61

中国国家版本馆 CIP 数据核字（2023）第 183042 号

出版发行：中国电力出版社
地　　址：北京市东城区北京站西街 19 号（邮政编码 100005）
网　　址：http://www.cepp.sgcc.com.cn
责任编辑：刘汝青　孟花林
责任校对：黄　蓓　李　楠
装帧设计：赵姗姗
责任印制：吴　迪

印　　刷：北京九天鸿程印刷有限责任公司
版　　次：2023 年 10 月第一版
印　　次：2023 年 10 月北京第一次印刷
开　　本：787 毫米×1092 毫米　16 开本
印　　张：11.75
字　　数：241 千字
印　　数：0001—1500 册
定　　价：98.00 元

作者与研究团队

作　者

李苏秀　刘　林　王　雪　陈星彤

研究指导

代红才

参与研究

张希凤，王春明，赵留军，张丝钰，汤芳，张宁，王轶楠，宋泽源（中国船舶集团综合技术经济研究院），周华（国网上海市电力公司），李光星（国网国际融资租赁有限公司），张涵（国网综合能源服务集团有限公司），施红明（国网数字科技控股有限公司），张捷（四川中电启明星信息技术有限公司），张旭（甘肃同兴智能科技发展有限责任公司）

研究团队

国网能源研究院有限公司（简称国网能源院）是国家电网有限公司（简称国家电网公司）独资设立的智库机构和软科学研究单位，承担着理论创新、战略创新和管理创新的研究职责，为国家电网公司战略决策和运营管理提供智力支撑，为政府政策制定和能源电力行业发展提供咨询服务。国网能源院研究与咨询工作涵盖碳达峰碳中和、新型电力系统、能源电力战略规划等 12 个业务领域。本书聚焦能源互联网新产业、新技术、新业态、新商业模式研究方向，结合能源电力行业格局发展与演变趋势，开展能源互联网创新发展、产业转型升级、新兴业态与商业模式创新等研究。本书编写团队承担国家电网公司各类管理咨询项目、科技项目、专项研究 30 多项，为国家电网公司多家产业单位提供战略咨询、规划编制、业务诊断、商业模式设计等工作，研究成果曾获国家电网公司 2019 年度管理创新成果特等奖、国家电网公司 2019 年软科学成果一等奖、中国能源研究会 2021 年能源软科学奖二等奖等荣誉。其中，团队研究开发的 MAPPER 商业模式引领者模型的商业模式设计工具与方法论在国家电网公司系统内各单位、各层级实现了全面推广应用，具有较高的知名度。

前　言

当前，世界新一轮科技革命和产业变革正蓬勃兴起，新产业、新业态、新商业模式（简称"三新"）[1]不断涌现，新的增长动能不断积聚，推动经济结构优化、产业转型升级，提升后疫情时代的经济复苏活力。在此背景下，以电网企业为典型代表的各类能源电力企业及相关其他产业主体，深度融合先进信息技术行业，紧抓新产业机遇、打造组织新业态、创新商业模式，在自身获取可持续发展动能的同时，全面挖掘能源互联网市场发展潜力，重塑能源电力行业发展格局。

本书编写组聚焦能源与信息产业深度融合、互联网经济快速发展、数字化转型加快等趋势下能源电力行业格局发展与演变，深刻剖析"三新"体系下能源互联网的产业发展转型、组织业态与商业模式创新，提出能源互联网创新发展的新思路、新范式，形成能源互联网战略设计与业务创新的研究咨询工具和实践方法论。

全书分为7个篇章：第一篇为"理论思考"，重点构建"三新"体系，明确研究边界与相关概念；第二、三、四篇分别为"产业格局""业态创新""商业设计"，对应能源互联网的新产业、新业态、新商业模式研究，分别研究能源互联网的产业发展格局演变、业务集群和平台战略等新兴业态、商业模式设计方法与迭代策略；第五、六篇为"案例观察"，分别就平台服务、"双碳"发展两个主题，选取能源工业云网、智慧能源综合服务、绿色智慧物流、碳新兴业务、碳资产管理等案例，深入剖析能源互联网促进业务创新、赋能行业发展、引领产业转型、服务经济社会的重要价值和作用；第七篇为"展望漫谈"，以问题式、启发式撰文

---

[1] 在部分文件、报告与文献也会采用"新产业、新业态、新模式"的说法。

对市场需求、用户行为、互联网思维等话题进行评论漫谈，以期为未来的研究实践提供更多思考。

本书研究撰写过程中，设计形成了"三新"理论研究体系及研究范式，并从实用性与科学性兼顾的角度，提出"MAPPER 模型"等一系列模型、工具与方法论。读者可根据"重点模型、工具与方法索引"快速查找，此索引可作为理论研究、战略咨询及相关实践工作的参考方法和工具。

本书由国网能源院李苏秀、刘林等著，在撰写过程中得到了国网能源院领导专家的大力支持与悉心指导，并获得国家电网公司科技项目及国网能源院青年英才基金等研究经费支持。作者在撰写过程中充分吸收了国网能源院在碳达峰碳中和、新型电力系统、能源电力战略规划等研究领域专家的真知灼见，并得到了国家电网公司政策研究室、发展策划部、市场营销部、数字化工作部、产业发展部，国网上海电力、国网浙江电力、国网安徽电力、国网黑龙江电力、国网甘肃电力、国网新疆电力，国网综能集团、国网数科公司、国网融资租赁公司，清华大学、北京交通大学、北京化工大学、华北电力大学、华东理工大学等单位多位专家和业界人士的支持和帮助。此外，Abstract M 阿沐阿沐文化工作室设计师陈闪老师，为本书提供了创意支持。在此一并表示衷心感谢！

由于水平有限，疏漏和不足在所难免，欢迎专家和业界人士批评指正。

作　者

2023 年 9 月

目 录

CONTENTS

理论思考

本篇章主要研究"三新"的概念内涵,系统性地构建"三新"体系,辨析各类"新"概念的区别与联系,明确本书的研究边界和范围,研判"三新"体系下能源互联网创新发展趋势。

文章一交代"三新"的发展背景与概念来源,结合典型领域的发展特点与趋势,提出新产业、新业态、新商业模式在经济发展与行业应用中的未来挑战。

文章二从"三新"的内涵及其与相关概念的辨析出发,构建"三新"体系研究框架,并展望能源互联网创新发展方向。

"三新"的发展背景、典型领域与发展挑战

当前，我国着力构建新发展格局，以新产业、新业态、新商业模式为代表的"三新"经济加速成长，促进消费市场激活、引导投资方向、拓宽国际市场，推动科技、产业与消费升级，成为中国经济发展的重要力量。"三新"经济具有以需求为导向、跨界融合、动态变化等诸多特征，对引导企业创新发展、促进产业转型升级、激发经济发展活力等起到了重要作用。

"三新"目前还是一个成长性概念，其思想内涵、实践机理与发展驱动力等仍待深入探索与实践，但其在我国经济发展中的地位已越来越被重视。因此，认识"三新"经济，明确其来源、发展动因及关键领域，将有助于深入理解当前中国经济发展的关键着力点，解构新发展格局中的重要创新驱动力。

一、"三新"的发展背景

（一）概念来源

"三新"经济中定义的"三新"为新产业、新业态、新商业模式，最早出自 2016年《政府工作报告》，是信息技术与经济全球化所带来的经济生产模式变革与业态的变革和业态创新的体现。当前，新一轮科技和产业革命形成势头，数字经济、共享经济加速发展，新产业、新业态、新商业模式层出不穷，新的增长动能不断积聚。

从地方经济发展实践来看，许多地区也在政策规划中明确发展方向、制定行动方案。如上海市在 2015 年提出了用本地优势落实《中国制造 2025》战略、发展"四新"经济。上海在"创新驱动、转型发展"发展中提出了"四新"经济发展战略，即大力发展以新技术、新产业、新模式、新业态为代表的"四新"经济。其后，江苏、湖北等省（市）纷纷提出了类似的政策或行动方案，其将"四新"经济描述为：在新一代信息技术、新工业革命及制造业与服务业融合发展的背景下，以现代信息技术广泛嵌入和深化应用为基础，以技术创新、应用创新、模式创新为内核并相互融合的新型经济形态。尽管"四新"的表述当前比较少提及，已被"三新"所取代，但其本身的战略意义与发展愿景是相似的，对不同的"新"概念具有参考意义。

从国家经济核算统计来看，2018 年国家统计局编制了《新产业、新业态、新商业模式统计分类》，科学界定了"三新"经济的统计范围，旨在满足统计上监测"三新"经济活动规模、结构和质量等需要。这一统计分类参照了国家战略性新兴产业、高技术产业（制造业）分类、高技术产业（服务业）分类、国家科技服务业等相关统计分

类标准，重点体现先进制造业、互联网+、创新创业、跨界综合管理等"三新"活动。

总的来看，从国家到地方政府都将"三新"经济认定为与战略性新兴产业、高新技术产业等紧密相关的经济活动，反映了"三新"经济活动在产业活动中的地位。尽管如此，现有的"三新"经济核算统计工作，普遍是将涉及新产业、新业态、新商业模式的任何"新"经济活动定义为"三新"经济的统计范围，仅对经济统计范围做了产业部门的界定，并没有严格区分新产业、新业态、新商业模式三者之间的定义、区别与联系。

（二）发展动因

"三新"经济的提出，是多层次社会经济发展因素共同的结果。结合政府工作报告与政策文件的有关表述，总结"三新"经济的主要动力来源，主要包括了四个方面。

（1）加快构建"以国内大循环为主体，国内国际双循环相互促进"的新发展格局为"三新"经济发展提供内在需求。在新发展格局的背景下，新的需求催生新的发展模式，亟须结合新一轮科技革命和产业变革发展趋势，积极发展"三新"经济，培育经济社会发展新动能，实现各行业领域的数字化转型升级和智慧化发展。

（2）国家经济转向高质量发展阶段为"三新"经济发展提供重要契机。我国正处在转变发展方式、优化经济结构、转换增长动力的攻关期，必须坚持质量第一、效益优先，以供给侧结构性改革为主线，推动经济发展质量变革、效率变革、动力变革。经济高质量发展需要实现新旧动能转换，亟须发展"三新"经济，以使产业发展与经济发展形势相适应，为"三新"经济发展提供新的增长极。

（3）新技术应用转化为"三新"经济发展提供关键技术支撑。数字经济、智能制造、新材料等前沿领域兴起，战略性新兴市场潜力巨大，我国的基础研究、共性技术紧紧跟随，为新经济迅速发展壮大提供了基础技术保障。

（4）社会个性化、多元化市场需求与消费形式为"三新"经济发展提供良好的发展空间。随着社会不断进步，消费需求呈现个性化、多元化、定制化发展趋势，为以客户为中心、提供多元服务的"三新"经济快速发展提供良好的环境。

（三）"三新"经济相关政策梳理分析

从国家政策趋势来看，新产业、新业态、新商业模式的发展在多个领域受到了国家政策与行业的大力支持（见表1-1）。其中，在发展规划方面，主要是通过经济社会发展规划、科技发展规划等，为新产业、新业态、新商业模式提出宏观指导意见和发展方向指引；在行业发展方面，主要支持互联网行业、能源行业、制造业等新产业及其新业态新商业模式的探索和支持，包括对平台经济新业态的探索，对土地等资源开发利用的倾斜等；在制度规范方面，主要是对标准体系、行业监管的引导支持，如针对共享经济等新业态、新模式综合监管机制和现代化治理体系建设；在国企改革方面，支持国有资本围绕主业开展的商业模式创新业务，鼓励探索新业务、新业态、新模式所需要的股权激励、混合经营等；在经济统计方面，主要是科学界定"三新"，明确有关经济活动的边界、范围和统计分类。

表 1-1 　"三新"经济相关政策关于新产业、新业态、新商业模式的有关要求举例

序号	政策名称	时间	类别	关于新产业、新业态、新商业模式的观点或要求
1	《"十四五"能源领域科技创新规划》	2021	行业发展	促进能源产业数字化、智能化升级,先进信息技术与能源产业深度融合,电力、煤炭、油气等领域数字化、智能化升级示范有序推进。能源互联网、智慧能源、综合能源服务等新模式、新业态持续涌现
2	《中华人民共和国国民经济和社会发展第十四个五年规划和 2035 年远景目标纲要》	2021	发展规划	迎接数字时代,激活数据要素潜能,推进网络强国建设,加快建设数字经济、数字社会、数字政府,以数字化转型整体驱动生产方式、生活方式和治理方式变革。充分发挥海量数据和丰富应用场景优势,促进数字技术与实体经济深度融合,赋能传统产业转型升级,催生新产业、新业态、新模式,壮大经济发展新引擎
3	《关于支持新业态新模式健康发展激活消费市场带动扩大就业的意见》	2020	行业发展	从线上公共服务和消费模式、生产领域数字化转型、新型就业形态、共享经济新业态 4 个方面,针对 15 种数字经济新业态、新模式重点方向,提出了一系列支持政策。涉及"无人经济"、虚拟产业园与产业集群、数字化治理、产业平台化发展生态、互联网医疗、融合化在线教育、生产资料共享模式等
4	《国务院办公厅关于加快发展外贸新业态新模式的意见》	2021	行业发展	新业态、新模式是我国外贸发展的有生力量,也是国际贸易发展的重要趋势。加快发展外贸新业态、新模式,有利于推动贸易高质量发展,培育参与国际经济合作和竞争新优势,对于服务构建新发展格局具有重要作用
5	《国务院办公厅关于以新业态新模式引领新型消费加快发展的意见》	2020	行业发展	深入实施创新驱动发展战略,推动技术、管理、商业模式等各类创新,加快培育新业态、新模式,推动互联网和各类消费业态紧密融合,加快线上线下消费双向深度融合,促进新型消费蓬勃发展
6	《改革国有资本授权经营体制方案》	2019	国企改革	国有资本投资公司围绕主业开展的商业模式创新业务可视同主业投资
7	《国务院办公厅关于促进平台经济规范健康发展的指导意见》	2019	制度规范	新兴行业企业名称登记的限制放宽;加快完善新业态标准体系;鼓励平台经济新业态;探索适应新业态特点、有利于公平竞争的公正监管办法等
8	《商务部等12部门关于推进商品交易市场发展平台经济的指导意见》	2019	行业发展	支持利用存量房产或土地资源发展"互联网+"、电子商务等新业态、创新商业模式、开展线上线下融合业务有关的土地使用
9	《工业和信息化部关于加快培育共享制造新模式新业态促进制造业高质量发展的指导意见》	2019	行业发展	支持和引导各类市场主体积极探索共享制造新模式新业态等
10	《关于做好引导和规范共享经济健康良性发展有关工作的通知》	2018	制度规范	针对共享经济等新业态新模式综合监管机制和现代化治理体系建设
11	《新产业新业态新商业模式统计分类(2018)》	2018	经济统计	科学界定"三新"活动范围和统计分类
12	《国务院关于深化制造业与互联网融合发展的指导意见》	2016	行业发展	培育制造业与互联网融合新模式;放宽新产品、新业态的市场准入限制;支持制造企业基于互联网独立开展或与互联网企业合资合作开展新业务等

序号	政策名称	时间	类别	关于新产业、新业态、新商业模式的观点或要求
13	《发展改革委、能源局、工业和信息化部关于推进"互联网+"智慧能源发展的指导意见》	2016	行业发展	促进能源和信息深度融合，推动能源互联网新技术、新模式和新业态发展；发展分布式能源、储能和电动汽车应用、智慧用能和增值服务、绿色能源灵活交易、能源大数据服务应用等新模式和新业态等
14	《国家创新驱动发展战略纲要》	2016	发展规划	对于竞争性的新技术、新产品、新业态开发，应交由市场和企业来决定
15	《大数据产业发展规划（2016—2020年）》	2016	行业发展	加快大数据服务模式创新，培育数据即服务新模式和新业态；培育数据驱动的制造业新模式等
16	《国务院关于促进云计算创新发展培育信息产业新业态的意见》	2015	行业发展	支持云计算与物联网、移动互联网、互联网金融、电子商务等技术和服务的融合发展与创新应用，积极培育新业态、新模式
17	《中国制造2025》	2015	发展规划	在基础条件好、需求迫切的重点地区、行业和企业中，分类实施流程制造、离散制造、智能装备和产品、新业态新模式、智能化管理、智能化服务等试点示范及应用推广

二、"三新"重点领域发展情况

如前所述，根据国家统计局的定义，"三新"经济是以新产业、新业态、新商业模式为核心内容的经济活动的集合，即有关新产业、新业态、新商业模式的经济实践均为"三新"经济的统计范畴。国家统计局数据显示，2020年，尽管受到突如其来的新冠疫情的巨大冲击和严峻复杂国际形势的影响，我国新产业、新业态、新商业模式仍继续保持增长。国家统计局核算数据显示，2021年我国"三新"经济增加值为197270亿元，比上年增长16.6%（未扣除价格因素，下同），比同期国内生产总值（GDP）现价增速高3.8个百分点，相当于GDP的比重为17.25%，比上年提高0.17个百分点。分三次产业看，"三新"经济中，第一产业增加值为7912亿元，比上年增长6.6%，占比为4.0%；第二产业增加值为87499亿元，比上年增长19.1%，占比为44.4%；第三产业增加值为101859亿元，比上年增长15.3%，占比为51.6%。

事实上，"三新"经济活动的范畴非常大，战略性新兴产业、数字经济、共享经济、碳中和经济等，都是"三新"经济实践的典型代表。

（一）战略性新兴产业

战略性新兴产业是指以重大技术突破和重大发展需求为基础，对经济社会全局和长远发展具有重大引领带动作用，成长潜力巨大的产业，是新兴科技和新兴产业的深度融合，既代表着科技创新的方向，也代表着产业发展的方向，具有科技含量高、市场潜力大、带动能力强、综合效益好等特征。《国务院关于加快培育和发展战略性新兴产业的决定》把节能环保、信息、生物、高端装备制造、新能源、新材料、新能源汽车等作为现阶段重点发展的战略性新兴产业。

战略性新兴产业作为引导未来经济社会发展的重要力量，发展战略性新兴产业成为世界主要国家抢占新一轮经济和科技发展制高点的重大战略。近年来，党中央、国务院高度重视我国战略性新兴产业的发展，从国务院印发《"十三五"国家战略性新兴产业发展规划》，到国家发展改革委发布《战略性新兴产业重点产品和服务指导目录》，再到工业和信息化部等 4 部门联合印发《关于扩大战略性新兴产业投资 培育壮大新增长点增长极的指导意见》，一系列扶持政策为产业发展保驾护航。《中华人民共和国国民经济和社会发展第十四个五年规划和 2035 年远景目标纲要》明确提出，着眼于抢占未来产业发展先机，培育先导性和支柱性产业，推动战略性新兴产业融合化、集群化、生态化发展，战略性新兴产业增加值占 GDP 比重超过 17%。

目前，我国战略性新兴产业发展迅速，技术创新加快，规模不断扩大，电子信息、轨道交通、工程机械、汽车等领域涌现出一大批发展潜力大的优质企业和产业集群，成为引领经济高质量发展的重要引擎。据统计，2020 年我国战略性新兴产业增加值占 GDP 比重为 11.7%，比 2014 年提高 4.1 个百分点，高技术制造业、装备制造业增加值占规模以上工业增加值比重分别从 2012 年的 9.4% 和 28%，提高到 2021 年的 15.1% 和 32.4%。从增速看，2016 年以来，我国战略性新兴产业增加值增速始终高于全部工业增加值增速，多个细分领域保持两位数增长。如 2016—2019 年，医药制造业主营业务收入年均增长达 10.8%，节能环保产业主营业务收入年均增长达 13.2%；2021 年战略性新兴服务业企业营业收入比上年增长 16.0%，集成电路产量 3594.3 亿块，增长 37.5%。

现阶段战略性新兴产业迎来了迅速发展的时期，不仅产业规模迅速扩张，新兴产业占国内生产总值的比重也持续增加，新兴产业正在成为"调结构、转方式"的重要推动力，成为"稳增长"的重要引擎。当前，战略性新兴产业的发展不仅面临技术进步与改革的挑战，还同样面临着促进技术商业化、满足市场需求的挑战，特别是要关注商业模式创新在产业发展和产业竞争力提升过程中所扮演的重要角色。

（二）数字经济

中共中央政治局就推动我国数字经济健康发展举行的第三十四次集体学习会议提出了重要论断，提出"发展数字经济是把握新一轮科技革命和产业变革新机遇的战略选择"，要"充分发挥海量数据和丰富应用场景优势，促进数字技术与实体经济深度融合，赋能传统产业转型升级，催生新产业新业态新模式，不断做强做优做大我国数字经济"。因此，深入推进技术和数据的创新应用，不断催生新产业新业态新模式，应成为做强做优做大我国数字经济的重要抓手。

根据工业和信息化部直属研究机构——中国信息通信研究院历年（2017—2023年）发布的《中国数字经济发展白皮书》统计测算数据可知，2016—2022 年，中国数字经济规模占 GDP 的比重分别为 30.1%、32.9%、34.8%、36.2%、38.6%、39.8%、41.5%，预计 2030 年数字经济占 GDP 比重将超过 50%。

技术的迭代更新是数字经济发展的动力源，5G、大数据、人工智能、区块链等新技术不断演进升级，与传统行业技术的融合深度、广度不断加深，赋能作用持续加强，创造的应用场景日益丰富。未来数字经济发展更大的需求来自工业制造业和农业等实体经济领域，传统产业转型升级将呈现加速态势。

（三）共享经济

共享经济作为新经济的重要形态之一，对社会的发展有着巨大意义。一方面，可通过盘活闲置资源、提高资源配置效率、创新资源利用方式打造资源节约型经济形态，为经济增长提供新动能，带动可持续高质量发展；另一方面，共享经济能够通过提高工资性收入、丰富财产性收入来源、带动更多自发的第三次分配行为，推动共享共赢成为社会共识，形成互帮互助的社会风气，提升社会运转效率。

国家信息中心发布的《中国共享经济发展报告（2022）》显示，2021 年我国共享经济继续呈现出巨大的发展韧性和潜力，全年共享经济市场交易规模约 36881 亿元，同比增长约 9.2%；直接融资规模约 2137 亿元，同比增长约 80.3%。不同领域发展不平衡情况突出，办公空间、生产能力和知识技能领域共享经济发展较快，交易规模同比分别增长 26.2%、14% 和 13.2%。共享住宿领域市场交易规模同比下降 3.8%。

当前，我国共享经济发展呈现三大新特点：一是受多重因素影响，主要领域共享经济市场格局加快重塑，竞争更加激烈，多元化商业模式的扩充和创新更加重要；二是一系列加强新就业形态劳动者权益保障的政策措施出台，共享经济新就业群体权益保障持续完善；三是共享经济市场制度建设步伐加快，监管执法力度加大，市场秩序进一步规范。

预计，"十五五"时期我国共享经济新业态新模式迎来新的发展机遇，共享经济在生活服务和生产制造领域的渗透场景将更加丰富。随着共享经济的全面发展，平台新就业形态劳动保障制度体系将加快完善，平台企业主体责任将进一步明确。从政策导向上看，发展共享经济将成为提升实体经济数字化转型实效的重要抓手。

（四）碳中和经济（低碳经济）

我国在第七十五届联合国大会一般性辩论上向国际社会郑重宣示，中国将提高国家自主贡献力度，采取更加有力的政策和措施，二氧化碳排放力争于 2030 年前达到峰值，努力争取 2060 年前实现碳中和。助力实现碳达峰、碳中和，大力推行绿色生产方式，建立健全绿色低碳循环发展经济体系，促进经济社会发展全面绿色转型，是切实降低发展的资源环境成本、解决我国资源环境生态问题的基础之策，也是建设现代化经济体系的重要内容。

基于此，"碳中和经济"应运而生。尽管经济活动的负外部性往往意味着低碳不经济，但在碳达峰、碳中和趋势不可逆的背景下，如何做到低碳又经济将成为一个重要议题。特别是在系统科学推进减碳进程中，可以通过新产业、新业态、新商业模式的相关实践活动，减少节能降耗带来的系统性成本上升、增加低碳减排活动带来的综合价值上升，更好地实现"双碳"目标下的经济发展目标和需求。

当前，我国积极推进"双碳"目标发展，稳妥加快推进产业结构调整，大力发展绿色低碳产业，加快发展新一代信息技术、生物技术、新能源、新材料、高端装备、新能源汽车、绿色环保，以及航空航天、海洋装备等战略性新兴产业，推动互联网、大数据、人工智能、5G 等新兴技术与绿色低碳产业深度融合。在碳中和经济议题下，清洁能源、节能环保、碳减排技术等重点领域将得到长足发展。

三、"三新"的发展挑战

当前，"三新"经济活动正在逐步成为中国经济的重要力量。"三新"作为一个新概念，无论是学术研究与理念探讨，还是政策机制与经济实践，都处于成熟完善的过程中。具体来说，是其概念内涵与逻辑尚缺乏系统性认知，统计方法与标准有待明确，面临一定的发展制约与障碍，理念落地有待深化等，需要在未来研究实践中逐步去理解、深化。

从概念内涵来看，"三新"概念目前还比较笼统，尽管政策层面及社会各界给予了极大关注和支持，但在具体执行中，其理念与实践的衔接与落地有待进一步探索。

从统计标准、核算方法来看，"三新"经济活动领域界定不明晰，部分新经济活动统计依赖基层判断可能存在偏差，核算方法没有真正区分新经济活动占比和贡献度，而不同地区、不同行业的差异性也大大增加了统计核算的难度。特别是其经济统计方式有别于传统产业，即有的产业统计方法与标准无法完全匹配"三新"经济发展的需要。同时，"三新"经济与共享经济、数字经济等有交叉，其跨产业、跨领域形式多样，给统计方法造成了挑战。

从顶层设计来看，地方经济发展规划中，对"三新"活动进行明确解释与分类的并不多，其有关的策略与活动难免存在"戴着'三新'的帽子，做的还是老一套"的现象，这是由于对"三新"体系的理念思想、统计方法、实施策略等的理解不够深入等原因造成的。

从企业实践来看，"三新"概念是从国家顶层设计出发考虑的，如何将新产业落地于企业实践，如何开展企业的业态模式创新并融入产业创新，如何将个体创新与行业和企业创新相结合，都是值得长期实践与探索的。

"三新"体系框架构建及其在
能源互联网创新发展中的应用

一、"三新"内涵分析

（一）理论基础

自"三新"概念提出以来，许多学者开展了相关研究，大多数研究围绕"三新"经济统计方法与标准等方面，也有对"三新"经济活动的内涵及关键问题的分析。关于"三新"的概念，较为普遍的认识为："三新"经济即经济活动中新产业、新业态、新商业模式的集合，是所有依托新兴技术而创新发展的经济形式，体现了新兴经济活动下的产业发展转型、组织变革与商业逻辑转变。在具体行业与企业实践中，产业往往会落地于业务实践，并使用"新业务、新业态、新模式"这一表述，其本质上与国家提出的"三新"经济一脉相承，只是研究与实践的视角层次有所区别。

从学科理论角度来看，"三新"有关研究实践涉及统计学、发展经济学、互联网经济学、战略管理等多个专业视角。

在统计学领域，相关研究与应用主要遵循的是国家统计局编制的《新产业、新业态、新商业模式统计分类》，学者们对"三新"经济活动及相关派生行业的统计核算开展研究。

在发展经济学领域，有学者构建了"三新"经济体系的指标，按照新产业、新业态和新商业模式三个方面展开，新产业下分经济转型和产业升级两个方面，新业态主要涉及科技研发和创新驱动两个方面，新商业模式下主要分为知识技能和互联网经济两个方面，它们共同构成了驱动"三新"经济发展的动力。

在互联网经济学领域，有学者认为，"三新"的提法是从产业链角度、服务形态角度、盈利模式角度对新经济的描述，三者之间存在交集。国际上，较少使用"三新"经济的提法，主要采用与"三新"经济概念内涵相似的数字经济、知识经济、共享经济等。

在战略管理领域，学者们主要将企业布局新业务、组织新业态、创新商业模式等作为研究的重点，发掘企业创新活力，构筑新的增长极。

（二）概念综述与辨析

1. 新产业

（1）新产业的概念与发展实践。产业是指具有某种同类属性的企业经济活动的集合。相应地，新产业的概念可以理解为新的经济活动的集合。一般认为，新产业是指应用新科技成果、新兴技术而形成一定规模的新型经济活动或新兴产业部门。这里的新产业，不仅包括因为新技术而催生的新兴产业，也包括因为技术改造而转型的传统产业、传统产业利用现代信息技术形成的新产业。

从实践来看，新产业的范畴可大可小，新产业的"新"多源于人为定义，主要体现其前瞻性与革命性意义。放眼全球，新产业可以定义为全球普遍关注的前沿技术催生的各种新兴产业、未来产业、高技术产业等，如5G、区块链、新材料、新能源等；也可以围绕国家重大发展需要形成特定范围，如我国发布的战略性新兴产业、"三新"经济统计范围内的新产业等；对于大型多元化发展的企业来说，往往会界定不同领域的经营活动，形成几大新产业板块，统筹具体的业务活动，如国家电网公司"一体四翼"发展布局中涉及的新兴产业。高技术产业是指用当代尖端技术（主要指信息技术、生物工程和新材料等领域）生产高技术产品的产业群，是研究开发投入高、研究开发人员比重大的产业，其发展快，对其他产业的渗透能力强。

（2）新产业的表现形式与特征。相对于以上提及的新产业在各种场景下的内涵和范围，"新产业"所指代的范围更加广义，具体可以表现为三种形式：一是新技术应用产业化直接催生的新产业；二是传统产业采用现代信息技术形成的新产业；三是由于科技成果、信息技术推广应用，推动产业的分化、升级、融合而衍生出的新产业。

由于产业是社会分工的产物，是社会生产力不断发展的必然结果，其概念是介于宏观经济与微观经济之间的中观经济。因此，针对新产业的研究，应着眼于新产业诞生对产业结构与产业布局的影响、新产业自身经济活动的技术与模式变迁。

2. 新业态

（1）新业态的概念与发展实践。根据公开资料显示，业态一词来源于日本，是典型的日语汉字词汇，意思是业务经营的形式、状态。这一概念大致出现在20世纪60年代，日本安士敏先生认为："业态是定义为营业的形态"，它是形态和效能的统一，形态即形状，它是达成效能的手段。一般认为，业态是针对特定消费者的特定需求，按照一定的战略目标，有选择地运用价格策略、经营规模、服务方式、销售模式等各类经营手段，提供类型化的销售和服务。因此，业态的内涵在于类型化、范式化、规律化的经营手段，其关键目标在于"达成效能目标"。

相应地，新业态是指顺应多元化、多样化、个性化的产品或服务需求，依托技术创新和应用，基于不同产业间的组合，企业内部价值链和外部产业链环节的分化、融合，行业跨界整合，以及嫁接信息及互联网技术所形成的新型企业、商业乃至产业的组织形态。新业态的产生是为了更好地满足消费者个性化、多元化的消费需求，其涉及新兴产业环节、产业链、产业组织形式，比较典型的组织形式有平台经济型企业组织、共享经济模式等。

从发展实践来看，最典型的新业态的实践案例来自2020年7月15日国家发展改革委等 13 部门联合印发的《关于支持新业态新模式健康发展激活消费市场带动扩大就业的意见》，提出了支持数字经济的 15 种新业态：融合化在线教育、互联网医疗、便捷化线上办公、数字化治理、产业平台化发展生态、企业数字化转型、跨越物理边界的虚拟产业园和产业集群、基于新技术的无人经济、新个体培育与自主就业（微商与直播带货等）、微经济与副业创新、灵活就业劳动权益保障与多点执业、共享生活新空间、共享生产新动力、生产资料共享新模式、数据要素流通新活力。

（2）新业态的表现形式与特征。新业态大致表现为三种类型：一是以互联网为依托开展的经营活动，如上述提及的互联网医疗、在线教育等通过互联网变革既有业态的形式；二是商业流程、服务模式或产品形态的创新，如产业平台化发展生态、企业数字化转型、跨越物理边界的虚拟产业园和产业集群等改变商业流程的业态，无人经济、微经济等服务模式与产品形态的创新；三是提供更加灵活、快捷的个性化服务，如共享经济带来的空间、劳动力、生产资料等共享与服务模式。

由于信息技术革命、产业升级、消费者需求倒逼是推动新业态产生和发展的三大重要因素，产业链、价值链是新业态发生的主要载体。因此，新业态研究需要聚焦产业链、价值链、创新链、业务链等，实现既有组织业态、管理业态等的转型升级、重构创新。

3. 新商业模式

（1）新商业模式的概念与发展实践。新商业模式，或新模式，即商业模式创新。商业模式于 20 世纪 90 年代末期逐渐成为一个独立的研究领域。目前学术界尚未形成对商业模式的统一定义。一般认为，商业模式是企业根据自身特点，描述企业如何创造价值、传递价值和获取价值的商业逻辑。其核心在于"价值"，主要是利润等经济价值，也包括了可持续竞争优势、公益与社会价值、生态价值等衍生价值。相应地，新商业模式是指以价值创造为灵魂，以客户需求为中心，以进一步提升用户价值和盈利水平为目标，通过整合和重组企业经营的各种要素，形成新的、高效的、具有竞争力的商业运行模式。

学术界关于商业模式及其创新的研究非常多，且商业模式研究的根本目的是对商业模式进行设计和创新。自 Timmers 首次正式提出商业模式的概念以来，学者们从盈利模式、价值主张、运营方式等视角开展了商业模式创新研究，商业模式创新已成为企业战略与创新管理领域近十几年新出现的研究热点。商业模式创新研究一般涉及战略、组织、经济、技术创新等四个视角，其中，战略视角下的企业商业模式创新研究，更加侧重于对企业战略层面的深层理解，特别是将企业置身于变化的环境、动态的过程中去寻找创新路径，并且重视企业与合作伙伴之间的互动关系；组织视角下的企业商业模式创新研究，涉及组织行为、组织学习、组织文化等，更侧重于通过组织变革与创新来实现商业模式创新；经济视角下的企业商业模式创新研究，侧重于商业模式创新的交易结构、公司治理、收益与风险等，涉及租金理论、交易成本理论等；技术创新视角下的企业商业模式创新研究,追寻的是技术创新与商业模式创新之间的关系,涉及技术商业化的需求、技术触发的动力等方面的研究。

总的来说,商业模式创新的相关研究,主要是以战略管理理论、组织理论、经济学理论、创新理论等理论为基础,围绕企业内、外部资源,以企业的资源整合、组织变革、业务重组、技术变革等一系列话题为切入点,研究企业商业模式创新的动力、途径与过程。

商业模式的实践最早出现于电子商务领域,如今在互联网企业及相关业务中颇为热门,其中互联网思维下的商业模式尤为活跃,形成了诸多被竞相模仿和借鉴的商业模式。如阿里巴巴抓住互联网初兴机遇,针对生产企业与消费者间信息不透明的痛点,以电子商务平台起家,通过积极布局价值链关键环节,逐步实现了从电商交易平台向互联网金融、商业服务(阿里云等)、物流业务等解决更高层次需求痛点的业务拓展;腾讯从解决日趋多元化的社交与娱乐需求痛点切入,打造社交平台,以场景化手段挖掘数据应用潜力,扎根消费互联网,积极向云服务与智慧产业、移动互联与媒体内容等为代表的产业互联网拓展;美团从解决食的基本需求切入,以团购平台起家,拓展外卖业务,解决餐饮消费比价和配送需求,精准定位互联网+生活服务,并积极深耕拓展覆盖衣食住行的生活服务领域;滴滴从解决出行的基本需求切入,兼具城市交通优化的社会功能,聚焦行业潜力挖掘,逐步扩展出行市场上下游产业,打造移动出行新市场新产业;小米以高性价比手机起家,随后拓展智能家居产品及智能终端设备,以智能硬件为依托,培育孵化相关企业形成生态链体系,逐步构建家居领域物联网平台,服务用户家居需求升级。

纵观互联网企业发展史,其成功秘诀在于精准把握用户需求与痛点,创新商业模式,抓住信息流这一核心,短期内汇聚并连接大量供需资源,迅速占据市场统治地位。其中,数据、资本、流量、内容、交易是互联网企业进行精准分析、市场细分、用户互动的重要内容,互联网企业通过信息通信技术、大数据、人工智能等一系列技术手段,利用共享模式、平台支撑、生态协同等市场手段,支撑用户需求与痛点解决,挖掘和拓展新业务,形成企业新生态。

(2)新商业模式的表现形式与特征。由上述分析可以看出,新商业模式通常是全新打造的商业模式或基于既有商业模式开展的创新再设计,新商业模式就是为了实现用户价值和企业持续盈利目标,对企业经营的各种内外要素进行整合和重组,形成高效并具有独特竞争力的商业运行模式。具体形式可以概括为三种类型:一是将互联网与产业创新融合;二是把硬件融入服务;三是提供消费、娱乐、休闲、服务的一站式服务。

由于新商业模式主张资源、要素的重组整合,因此新商业模式研究应关注市场、技术、产品等各类新元素带来的新需求、新机会,特别是要遵循市场发展规律、挖掘用户真实的需求。

4. 其他"新"概念

在论及新产业、新业态、新商业模式时，往往会提及新业务、新技术、新产品新服务、新生态等其他"新"概念。它们之间存在着千丝万缕的关系，有时会被交叉或替代使用，从而导致概念混淆，因此厘清其区别与联系非常重要。

（1）几种"新"概念。

1）新业务：是针对传统业务的一个相对概念。广义来说，对一家企业来说，任何新规划、新进入的行业与商业机会都会属于新业务范畴。特别是应用新技术，在新产业、新业态、新商业模式下形成的一定规模的新型经济活动，都是典型的新业务。

2）新技术：通常指云计算、人工智能、大数据、数字孪生体等先进技术。它们与传统技术相比，能够提升社会经济发展、工业制造等各领域的效果与效率。通过这些技术，可以实现先进制造、无人驾驶、智能机器人等新型产品服务，从而带来全新社会经济变革。

3）新产品新服务：指的是对既有产品与服务的更新迭代或者开发全新的产品与服务。一般包括：一是通过应用新技术研发设计新产品新服务，即将全新的技术市场化、商业化应用；二是遵循市场需求规律改造升级新产品新服务，将现有的产品服务按照客户的类型、特点不断细分、扩展、跨领域应用等；三是将产品服务进行组合营销、商业化推广，如组合套餐、捆绑营销等形式的产品服务组合，甚至跨行业推广、跨企业联名等。

4）新生态：主要是考虑大型企业平台生态化发展趋势，扩展企业合作伙伴、资源渠道，形成以企业自身为核心的规模化集群、资源信息共享渠道、商业联盟、稳定供求关系等，形成一定程度的生态合力，减少信息沟通、资源交换、供需匹配的成本，实现多方共赢。

（2）从几种"新"概念看"三新"的内涵逻辑。通过对比几种"新"概念与"三新"的内涵，可以看出：新业务是新产业的具体落地实践，是新业态、新商业模式等的载体；新技术是新兴经济活动的发展驱动力；新产品新服务是具体的表现形式和成果应用方式；新生态是一种愿景与目标。

从定义与来源来看，新产业源自新技术，必然会催生新业务，主要聚焦于宏观、中观层次的研究，旨在发掘战略性的行业发展方向；新业态催生新产品与新服务，主要聚焦于产业组织与业务管理层次的问题，旨在组织与重构产业链、价值链、创新链；新商业模式实现新价值，聚焦于资源要素整合带来的商业运行逻辑转变，旨在明确商业行为、盈利方式等。

从价值创造的逻辑来看，新产业确定了价值创造的范围边界，其中新业务是新产业具体落地实践的业务活动，是价值创造的具体实践载体；新业态是产业组织与价值流程的变化，是价值创造的组织形态支撑；新商业模式则主要考虑价值获取与盈利方式及可持续性，是具体的价值实现方式与商业逻辑。

二、"三新"体系的概念框架构建

基于对"三新"概念内涵的界定，及其与其他"新"概念之间的辨析，本文提出了"三新"体系的概念框架（见图1-1）。

首先明确的是"三新"体系包括新产业、新业态、新商业模式三个核心概念。本文认为，新产业是经济发展形势变化下的新产业部门和相关行业领域。如能源互联网下的新产业包括了分布式光伏发电、综合能源服务等原有能源相关领域的改造升级，也包括了氢能、碳中和等全新的能源相关领域。新业态是伴随新产业的诞生而在产业组织管理方式上发生的变化，包括产业组织形态重构、价值活动方式变化、供应关系渠道调整、创新合作方式变化等方面，如能源互联网下的新业态，包括平台发展模式、利用区块链技术的去中心化分布式能源管理、电网数字化班组等。新商业模式是伴随新产业的诞生而在企业经营管理思路上发生的变化，包括企业发展战略调整、商业组织形式重塑、交易治理方式变革、技术转化应用变化等所形成的适应新形势、新变化的新商业逻辑。能源互联网下的商业模式创新，包括基于新兴价值的商业模式创新、基于平台流量的商业模式创新等。

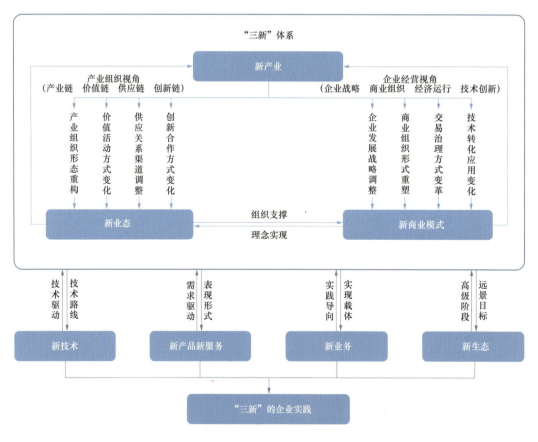

图1-1 "三新"体系及相关概念关系

在核心概念的基础上，"三新"体系衍生了新技术、新产品新服务、新业务、新生态等其他重要的"新"概念。新技术是"三新"体系的技术驱动力，为其提出了相关的技术路线；新产品新服务是需求驱动力，将"三新"体系具体表现为相应的市场可接受的形式；新业务为"三新"体系提供了实践导向，是企业实践"三新"体系的实现载体，因而对于企业来说，常用新业务、新业态、新模式来取代"三新"体系的说法；新生态是"三新"体系发展的高级阶段表现，是产业发展的愿景与目标。

此外，各类"新"概念相互关联，共同体现了对产业发展、业务创新、企业转型等不同层次的诉求。尽管新产业、新模式、新业态、新业务、新生态等概念常常被交叉、组合，甚至混淆使用，并常被作为"手段"，与新竞争优势、新动能、新的增长极、新的利润增长点等"目标"划上关系。可以说，从广义上理解，这些"新"是不同的利益主体在不同视角下对产业发展、业务创新、企业转型等不同层次的诉求。

总之，新产业带来了新业态、新商业模式，新商业模式与新业态共同完备了新产业的实现方式。同时，新业态为新商业模式提供组织支撑，新商业模式实现了新业态的相关组织管理理念。新产业、新业态、新商业模式共同构成了"三新"体系，并通过新技术、新产品新服务、新业务、新生态等形成了企业实践。

三、"三新"体系下能源互联网创新发展方向

2021年，国家能源局、科学技术部联合印发《"十四五"能源领域科技创新规划》，其中发展目标中提出，促进能源产业数字化智能化升级：先进信息技术与能源产业深度融合，电力、煤炭、油气等领域数字化、智能化升级示范有序推进。能源互联网、智慧能源、综合能源服务等新模式、新业态持续涌现。

在此背景下，能源互联网领域将面临广阔的发展机会。一方面，能源电力企业需要打破原有以传统能源板块划分重点任务领域的方式，将能源行业新模式、新业态与传统能源相融合；另一方面，需要以新技术、新产品、新商业模式为契机，打造新产业（新业务）、新业态、新模式，重塑行业格局，获取可持续发展动能，全面挖掘新活力。

1. 抓住能源转型新兴产业发展机遇

当前，全球正迎来新一轮科技革命和产业变革，一些重大颠覆性技术创新正在创造新产业、新业态、新动能。"十四五"和未来一段时期内，随着新一代信息技术、新能源技术等新兴技术的不断涌现及与之相契合的产业化、市场化新路径、新渠道的发现，大数据、云计算、物联网、区块链、人工智能、能源互联网等众多前瞻性、颠覆性技术创新快速扩散，并将向多个方向快速发展。聚焦能源电力领域，新产业布局将重点围绕新一代能源信息技术产业、新能源产业、节能环保产业和新能源汽车产业四个领域和方向。

（1）新一代能源信息技术产业。可以重点聚焦提升产业安全自主可控与智能化水

平。其中可加快推动 5G 技术装备与资源共享，推动 5G 技术在智能电网领域规模化应用；加快布局区块链、人工智能、工业互联网产业等领域，推进区块链公共服务平台构建，开展区块链在能源调度等领域试点。

（2）新能源产业。以智能电网为核心，可引领新能源汽车产业发展。重点突破 IGBT、特高压关键技术装备产业，积极突破特高压交直流套管等关键技术难题，推动实现特高压关键技术装备全面国产化；大力发展智能终端产业，推动实现智能终端核心软硬件自主可控；积极培育海上风电并网装备、储能、智能运检装备产业，打造海上风电交流、柔直并网总包工程模式；加快建设全国统一储能云平台，加快研制智能巡检机器人等产品，提升电网运检智能化水平。

（3）节能环保产业。可聚焦综合能源服务及相关业务拓展，推动节能环保产业发展。通过构建综合能源服务平台，统筹线上线下资源整合运用，打造开放共享、互利共赢的综合能源服务产业生态圈；建设跨行业能源运行动态数据集成平台，推动智慧城市能源管理。

（4）新能源汽车产业。重点可以关注充电服务、智慧网联、智慧出行等领域。通过打造电动汽车智慧能源与智慧出行服务体系，实现平台与用户高效互动，助力新能源汽车产业发展。

2. 打造能源产业组织管理新业态

能源电力企业创新需摆脱桎梏，对内打破传统价值创造的逻辑，实现管理变革；对外需整合产业资源，实现广泛的产业链合作，打造能源电力新业态。具体而言：

（1）以内部价值链整合创新打造产业管理新业态。鼓励各级各类主体及个人等参与创新，如散点式个人创新、矩阵式团队创新、产学研创新等，针对新兴技术领域、跨界商业领域、重大问题研究等，适时调整业务流程、营销渠道、研究团队，形成敏捷响应、柔性灵活的内部组织业态。

（2）以外部产业链融合创新打造产业组织新业态。发挥企业既有资源与能力优势，重点关注产业链关键环节，联动产业链相关方协同合作，以产业联盟、兼并重组、商业合作、控股参股等多种产业组织模式，如建立综合能源服务产业联盟、工业互联网产业联盟等，促进相关业务链条、产业链条形成稳定高效的市场竞争力。

3. 构建能源电力新商业模式

商业模式创新贯穿于能源电力产业全流程，需要多方面发力形成并不断完善新模式。可以从能源供需、客户价值挖掘等角度拓展商业模式创新思路。

（1）从能源供需角度来看。一方面，要强化以客户为中心的理念，敏捷响应客户需求变化，在用户的痛点、难点、堵点方面发力，开展多能服务供应、智慧用能套餐、金融产品组合、智慧城市解决方案打包服务、产业园区孵化培育服务整合输出等产品组合或服务套餐形式，打造能源消费新模式；另一方面，可以运用 5G、北斗、人工智能等新技术手段，加强前沿技术与电网技术的集成创新、跨界融合，整合关联性强、互补性强的产品与服务，打造能源供应新模式。

（2）从客户价值挖掘的角度来看。一是政府层面价值挖掘。以全社会和各行业用电量信息为基础，开展关于企业开工率、住房空置率、新旧动能转换、供给侧结构性改革、精准扶贫、贫困地区用电、营商环境等主题的大数据分析应用研究，通过电力大数据分析等手段服务政府决策，形成政府层面的价值创造。二是企业客户价值挖掘。电力大数据企业征信，构建具有电力特色的信用评价方法及信用评价体系，实现针对企业的征信报告出具、信用评分评级服务；提供能效综合管理服务，通过对各类能源监测、分析，"硬件"上推广节能设备、落实节能改造，"软件"上优化能源方案、改进消费组合等，为企业进行细化能源管理，促进企业节能降耗，降低企业成本；面向企业客户开展精准营销，通过用电信息采集系统、电动汽车运营管理系统等，获取企业客户分类及其用电行为特征，采用"互联网+"的新型电力营销方法，为客户提供差异化的服务产品。三是居民用户价值挖掘。针对智能化时代的居民消费需求升级，进行价值挖掘。结合用户历史用能数据，对用户用能行为习惯进行分析，为居民提供更合理、经济的用能方案，引导居民用能管理；将能源管理业务与各类智能家居解决方案进行整合，为消费者提供端到端的成套解决方案，实现用电业务与智能家居融合；融通业务发展、光伏发电、电动汽车等业务，基于能源互联网平台实现用户分布式发电、用电、买车、购物等环节一站式服务，实现相关业务全过程线上办理，提升客户体验。

4. 设计能源电力新产品新服务

能源电力产品与服务直接面向用户，能够直观反映用户体验，因而设计研发新产品新服务是新业务、新业态、新模式的具体表现成果。新产品新服务的研发设计有三种途径。

（1）以新技术为突破研发设计新产品新服务。充分发挥互联网技术、数字经济发展等对产业升级的重要作用，将5G、北斗、人工智能等高端技术手段融入电网发展规划、能源消费模式中，推动能源互联网产业分化、升级、融合而衍生出新的领域，打造技术领先的新产品和新服务，促进产业规模的纵深发展。

（2）以市场需求为导向改造升级新产品新服务。顺应能源消费变革趋势，主动响应客户需求与市场变化，探索已有产品服务的跨地区、跨领域、跨场景、跨客户群体的推广应用，改造形成多元化、多样化、个性化新产品新服务，快速迭代产品供应与服务对接新模式，适应不同情景的产品服务需求，促进产业规模的横向扩大。

（3）以营销创新为手段组合形成新产品新服务。针对市场需求的痛点、难点，发挥产品服务的"组合拳"优势，整合关联性强、互补性强的产品与服务，以组合套餐、捆绑营销等集成创新方式，形成新的产品或服务组合，推动产业价值的进一步挖掘。

5. 形成能源行业平台新生态

平台化、生态化发展已成为企业发展的重要趋势与方向。能源电力行业涉及多行

17

业、多技术、多区域、多场景、多用户、多需求，需要集成式输出、整合式发展。因此，继续完善各级各类平台，推动能源电力生态形成。一是以平台打通流程、促进业务协同，形成生态功能；二是推动平台的治理与管理能力提升，使平台生态极具黏性和可持续发展能力。具体来说：

（1）依托平台建设形成生态功能基础。

1）通过平台建设打通业务、数据和基础支撑。贯通对内业务流程，发展对外业务生态，利用数据中台打通内外壁垒，实现对内对外业务协同发展。对内实现全业务在线协同和全流程贯通，电网安全经济运行水平、企业经营绩效和服务质量达到国际领先；对外建成企业级智慧能源综合服务平台，形成共建、共治、共赢的能源互联网生态圈，引领能源生产、消费变革。加强基础支撑，实现统一物联管理，建成统一标准、统一模型的数据中台，实现对内对外业务的全面支撑。

2）统一入口建设兼具差异化平台功能。充分考虑企业平台生态化发展趋势，结合综合能源服务平台、车联网、新能源云等在需求场景、行为特征、合作模式、推广方式等方面的差异化特征，以差异化场景、定制化需求的平台功能升级策略促进平台功能体系完善，构筑产业生态基础；统筹各平台资源，打通各级平台入口，整合已有推广营销渠道，形成统一的平台窗口，全面发挥平台综合价值。优化"入口+平台+流量"的业务流程，完善平台规则及收益共享机制，着力扩大社会资本、优质资源等平台参与主体，推动建立共享共赢的产业生态。

（2）依托平台治理促进生态共享共赢。

1）以需求为导向允许试错、不断迭代。借鉴互联网企业需求导向思路，紧抓用户痛点与市场需求，鼓励"试错"尝试，建立"容错"机制，依托平台充分建立用户黏性、抢占先机。借鉴互联网企业发展模式与思路，充分调研获取用户痛点与市场需求，针对性地探索尝试新兴业务领域，敢于打破边界，拓展新型商业模式。鼓励"试错"尝试，对不具备发展条件和市场空间的业务、项目及时止损；建立"容错"机制，对有市场前景与发展潜力的业务，要紧紧抓住用户痛点，前期允许小幅亏损，以平台建设为基础建立用户黏性，占据市场先机与行业地位，后期逐渐挖掘盈利增长点，培育绩效优质的现金业务与商业模式。

2）重点关注平台治理与迭代完善。借鉴互联网企业平台治理思路，精准定位、敏捷响应国家政策方针与社会技术发展动向，高效运转和治理平台架构、业务功能、市场定位等，并行开发、随需迭代新技术与新模式。紧跟技术创新前沿、行业发展动向、市场竞争方向、用户需求个性化趋势，以互联网思维快速响应社会技术变革的影响，以需求为导向快速调整市场策略与功能定位。高效运转和治理平台的功能架构与形态，精准定位业务的发展路径与市场潜力，以便形成卓有成效的商业模式；对新产品、新技术要做到并行开发，根据需求快速迭代更新，避免被快速变化的社会技术发展需求所淘汰。

3）重视平台扩展与生态形成。借鉴互联网企业生态发展思路，利用 B 端赋能与平台治理功能，培育孵化新企业、新技术、新产品，形成生态开放的新商业模式，逐步形成引流和赋能规模化效应。针对大型能源电力国有企业，可利用自身在标准、平台、架构等方面的优势地位，借鉴大型互联网企业的中心赋能策略，利用生态圈建设扩大业务版图，精准投资新业务、新技术、新产品，挖掘更多用户诉求，形成系统化用户服务的商业模式；同时，提升平台化发展治理能力，服务中小企业商务需求与小微企业成长诉求，共建共享企业优质能力与资源，带动相关产业发展，提升社会形象。

产业格局

本篇章主要研究"新产业",结合国家新发展格局审视能源互联网产业发展,重点分析能源互联网的产业体系、价值方向与规模潜力等,多角度展现能源互联网的产业格局,思考现代化产业体系下能源互联网产业发展的关键领域和面临的挑战。

文章一从"形态架构"刻画产业格局,即能源互联网产业体系整体形态架构及关键产品领域,以"产品强则产业强、产业强则企业强"为线索,全景展现产业图谱,剖析能源互联网产业体系的自主化水平及关键产品发展挑战。

文章二从"产业价值"解析产业格局,即能源互联网产业价值与发展举措,以国家新发展格局为指导,剖析能源互联网产业在促进消费循环、科技循环、产业循环和区域循环中的价值,并提出对应的主要举措。

文章三从"产业规模"开展产业格局的定量分析,即能源互联网产业规模分析测算方法,在多种产业规模测算方法对比的基础上,举例分析典型领域产业规模的测算逻辑与结果。

能源互联网产业图谱、自主化水平及关键产品领域分析

一、现代化产业体系发展内涵分析

党的十九届五中全会提出，加快发展现代产业体系，推动经济体系优化升级，为未来一个时期我国推动产业高质量发展、建设现代产业体系指明了方向，提出要推进产业基础高级化、产业链现代化，坚持自主可控、安全高效，分行业做好供应链战略设计和精准施策，推动全产业链优化升级。

党的二十大报告首次提出"现代化产业体系"，明确了经济高质量发展的重要内容。2023年，我国多次强调要顺应产业发展大势，推动短板产业补链、优势产业延链、传统产业升链、新兴产业建链，优化生产力布局，打造自主可控、安全可靠、竞争力强的现代化产业体系。

在当前新的全球经济社会形势下，在新技术革命，尤其是人工智能、大数据、低碳绿色、5G通信技术等快速发展的今天，产业链自主化水平、产业链竞争能力等已成为影响我国产业体系产出效率和国际竞争力的重要因素。目前我国双循环战略的实施，传统产业转型升级、新兴产业健康发展都需要对现行产业链进行调整，需要建立新型、有效、安全的产业链供应链，即实现产业链供应链的现代化，推动现代化产业体系的形成与发展。

现代化产业体系发展的关键在于要做好每个产业，其基础是做好每个产品，以产品强带动产业强、以产业强实现企业强，助力实现供应链、产业链、价值链、创新链（"四链"）的全面提升。其中，供应链需要进一步提高效率、韧性和敏捷性，推动要素和资源的顺畅流通，确保供应链安全可靠。产业链关键要夯实产业基础能力、提升产业链控制力、促进产业链联动发展，推动产业集群化发展。价值链需要摆脱过于依靠资源要素投入和投资出口驱动，提升各环节的高端价值挖掘能力、新兴价值创造能力与潜在价值共享能力。创新链要以科学技术的流动、集成、转换和增值促进关键技术的创新与商业化，实现核心领域自主可控。

二、能源互联网产业助力现代化产业体系的发展机理

能源互联网产业是能源产业和信息技术产业深度融合，以消费者用能需求为核心的现代化产业体系，涵盖能源生产、能源输送、能源消费、能源交易和能源管理等领域。

发展能源互联网产业，可以"四链"为着力点，深度嵌入国家新发展格局与现代化产业体系发展。从供应链来看，以大规模投资能力带动相关产品、要素等配套能力的提升，促进元器件等关键产品加速实现国产化替代，推动形成利于国内循环、企业内外协同的产品与服务供应体系；从产业链来看，推动能源产业各要素、各环节的数字化和网络化，促进相关产业的数字化转型升级，补充产业链薄弱点，强化高端产业环节，实现产业基础高级化、产业链现代化，助力实现产业集群化发展；从价值链来看，推动传统能源价值与新兴产业价值的共同提升，创造清洁化、电气化、数字化、高效化的能源消费新模式和新价值链，着力推动高附加值产品的"中国创造"，共同建设能源互联网生态圈；从创新链来看，着力构建推动能源技术创新的开发平台和工具体系，降低技术创新门槛，提升技术攻关和突破能力，解决卡脖子等技术问题，以高精尖技术、前沿技术等占据技术高地，引领创新发展。

对建设能源互联网企业来说，做好能源互联网相关产业的基础是做好每个产品。产品强则产业强，产业强则企业强。关键是要系统梳理产品体系与未来需求，从推动"四链"提升的角度，不断催生新产品和新服务，为新发展格局拓展新的发展空间。因此，从"四链"的关系来看（见图2-1），供应链、产业链和价值链相互促进、共同发展，创新链为产业链、供应链和价值链提供原始驱动力。从推动"四链"提升的角度，不断催生新产品和新服务，产品是"四链"提升的有力抓手。

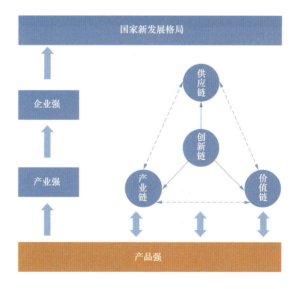

图 2-1　现代化产业体系下的"四链"关系

三、以产品为载体的能源互联网产业图谱分析与发展研判

能源互联网各类产品（与服务），作为能源互联网产业的载体，构成了国家新发展

格局下"四链"发展与互动的基础，深刻反映了能源互联网产业的供应水平（供应链）、竞争水平（产业链）、价值水平（价值链）、创新水平（创新链）。

以产品为载体勾勒能源互联网产业图谱，可明确能源互联网产业发展的整体脉络、产品领域、关键企业，研判能源互联网产业规模、产业结构及份额，以便明确电力企业的能源互联网产品服务体系的整体布局及其支撑国家新发展格局的着力点。

（一）能源互联网产业总体情况

对能源互联网产业体系的解读和结构领域分解有多重视角，包括从能源互联网的形态架构、产业发展的价值创造等多个角度。为体现产业自主化水平与产品领域分析，本节从能源互联网的形态架构出发，将其划分为基础支撑层、能源层、信息层和价值层四个主要部分（见图 2-2）。基础支撑层分为理论研究和软件两个领域，理论研究领域包括"双高"电力系统稳定机理、高比例电力电子设备接入的宽频带振荡理论等亟待突破的基础理论，软件领域则包含诸如操作系统、数据库、中间件等基础软件及研发设计类、规划类、营销类、运维类、调度类、安全类、管理类等工业软件；能源层主要对应能源生产、能源传输、能源消费、能源存储四个领域；信息层主要对应信息采集、传输和储存分析三个领域；价值层可以分为能源转型服务价值、能源数字产品价值和能源平台生态价值三个领域。

该研究以上述分类为基础，系统梳理各细分领域的重点企业，并以权威数据库搜集和行业调研相结合的方式，分别测算各细分领域在 2020 年和 2025 年的产业规模（见图 2-3）。

经过测算，2020 年我国能源互联网产业的规模约为 8.4 万亿元，其中基础支撑层、能源层、信息层和价值层四部分的产业规模分别为 147 亿元（0.2%）、71518 亿元（85.2%）、3005 亿元（3.6%）和 9228 亿元（11.0%）。

预测 2025 年，能源互联网产业的产业规模将增长至 13.7 万亿元，其中基础支撑层、能源层、信息层和价值层四部分的产业规模分别为 296 亿元（0.2%）、109228 亿元（79.5%）、9494 亿元（6.9%）和 18376 亿元（13.4%）。

（二）能源互联网产品服务体系研究：以电力企业为例

电力企业是国家能源互联网产业的重要构成部分，对能源互联网产业整体发展脉络与发展趋势有着举足轻重的价值。据统计，电力企业在能源互联网产业规模中的占比达到了一半以上。因此，本节以电力企业为例，分析能源互联网产品服务体系的主要类型、关键问题与建议举措。

结合电力企业的主营业务与产业布局，将电力企业的主要产品与服务分为 6 类，分别为基础类产品、电力与通信设备类产品、电力与通信软件类产品、咨询服务类产品、业态创新类产品和公共服务类产品。表 2-1 列出了产品分类及相关问题。

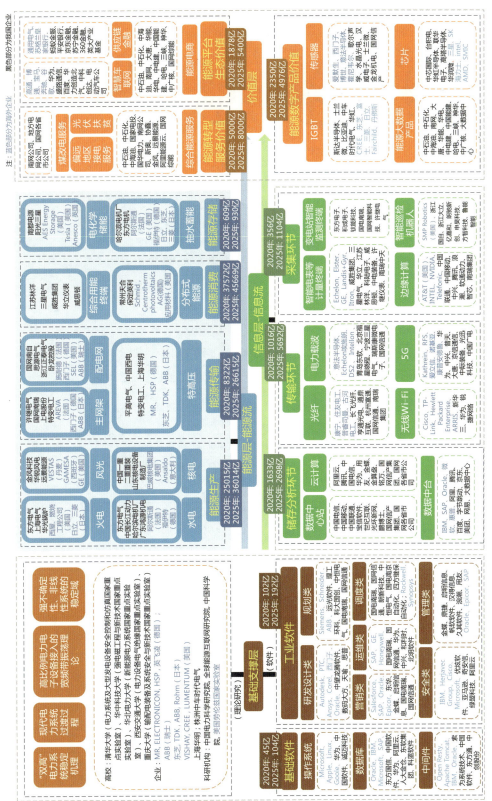

图 2-2　能源互联网产业图谱（数据来源：Wind、GlobalData 等）

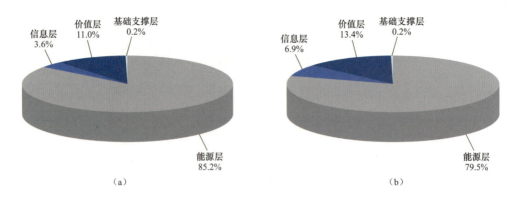

图 2-3　能源互联网产业规模

（a）2020 年能源互联网产业规模；（b）2025 年能源互联网产业规模

表 2-1　　　　　　　　　电力企业能源互联网产业的主要产品与服务

产品分类	产品名称	存在问题
基础类产品	电力供应服务	用电方式单一
	电网规划设计服务	规划设计软件部分依赖进口
	电网调控运行服务	关键元器件依赖进口
	电力设备运维服务	国产设备竞争力不足；工程应用缺乏
	电力营销服务	产品供应水平不足
电力与通信设备类产品	一次设备：发电侧设备	国产设备竞争力不足
	一次设备：电网侧设备	关键元器件依赖进口；工程应用不足
	二次设备：继电保护设备	关键元器件依赖进口；国产设备竞争力不足
	二次设备：通信设备	关键元器件依赖进口
	二次设备：智能设备	关键元器件依赖进口
电力与通信软件类产品	规划类软件及系统	产品运营能力不足
	营销类软件及系统	产品运营能力不足
	运维类软件及系统	数据价值有待挖掘
	调度类软件及系统	数据价值有待挖掘
咨询服务类产品	科学研究	产品供应能力不足
	试验检测	产品供应能力不足
	项目评审	产品供应能力不足
	决策服务	产品供应能力不足
业态创新类产品	节能改造服务	价值场景拓展不足
	综合能源系统建设与运维	技术集成能力不足
	基础资源商业化运营服务	运营能力不足；推广能力不足；产品供应能力不足
	车联网产品及服务	数据价值有待挖掘；价值场景拓展不足；内外协作不足

产品分类	产品名称	存在问题
业态创新类产品	新能源服务平台	数据价值有待挖掘；价值场景拓展不足；运营能力不足
	电费金融	产品供应能力、运营能力、推广能力不足；内外协作不足
	供应链金融	产品供应能力、运营能力、推广能力不足；内外协作不足；资金要素流通不畅
	能源大数据产品	数据价值有待挖掘；价值场景拓展不足；内外协作不足
公共服务类产品	偏远地区接电服务	—
	光伏扶贫服务	—
	煤改电服务	—
	公共治理的数据服务	价值场景拓展不足

从电力企业的能源互联网产品服务梳理内容可见，其业务发展还存在亟待改进提升的方面，电力企业应以服务新发展格局为出发点，解决目前产品服务中的主要问题，攻坚关键"卡脖子"技术，提升企业数字化水平，重点布局高端产业，实现能源互联网产业更高质量、更有效率、更加开放、更可持续、更为安全的发展，为新发展格局提供强有力的支持。

（1）问题1：部分关键元器件依赖进口，重大技术集成能力有待提升，新兴领域技术标准不够健全，工程应用缺乏。

1）问题描述。目前，高端电工装备、电工材料与器件、高端芯片等"卡脖子"技术仍依赖进口；国内相关研究基础薄弱，国产设备的可靠性、稳定性低于进口，难以与国外同类产品竞争；由于在实际工程应用较少，难以形成工程验证与迭代优化的良性循环。部分新兴行业的发展规范与行业标准尚未健全，缺乏顶层设计。

2）应对举措。一是提升技术攻关和突破能力，建立健全创新激励机制。加强能源电力行业基础研究与应用研究的联系，打通"产学研"链条，形成集市场化、产业化、过程化于一体的完整创新链条。建立健全科研成果落地应用对科研人员的奖励与激励机制。二是发挥龙头骨干作用，构建产业协同研发平台。大力扶持能源电力行业的骨干企业，在政策上允许宽容试错，适度降低标准要求，提升国内电力企业的创新积极性，形成工程验证与迭代优化的良性循环。三是加强知识产权体系建设，确保标准规则先行。积极参与并主导国际能源电力行业的标准制定，确保企业在全球能源产业链中的竞争优势和控制力；加强能源互联网产业知识产权体系的建设，将专利嵌入标准，加速形成能源电力技术的壁垒与规模化效益。

（2）问题2：数据价值有待挖掘，资源、资金、数据要素流通不畅，内外协同不足。

1）问题描述。在数据方面，终端设备运行数据的接入和贯通不足，数据孤岛现象较为严重，难以实现信息资源的深度挖掘与充分共享；在功能方面，对用户服务意识和用户需求的把握不够深入，对平台型业务和数字化产品的聚焦不够。此外，部分能源大数据产品对信息数据的所有权和使用范围尚未有明确界定，信息安全和隐私保护问题突出。

2）应对举措。一是主动对接政府需求，形成数字治理产品服务。根据智慧城市建设、城市规划等需求，服务经济社会发展的数据需求；主动参与数据要素市场建设，促进数据价格市场形成、数据要素充分流动。二是紧密跟踪市场需求，构建数字产品开发体系。以市场需求为导向，加大数字化产品开发力度，打造能源大数据中心，构建电力特色的"数据+技术+平台"业务模式。三是遵循数据安全管理规范，推动数据平台共享应用。利用区块链等新兴技术手段，建立健全数据安全保护体系与管理规范等；系统内部制定数据共享责任清单与共享应用规范，构建统一数据平台，实现数据共享。

（3）问题3：产业布局以中低端为主，产品供应水平、运营推广能力不足，价值场景不够丰富，总体竞争力不强。

1）问题描述。目前，电力企业产品服务趋于低端化，高附加值的高新技术产品相对匮乏；部分业态创新类产品服务的应用场景尚待拓展，尚未形成成熟的商业模式，且大多数仅停留在示范工程阶段，推广力度明显不足。

2）应对举措。一是研发高新技术产品，补齐产业链、价值链的高位需求。聚焦产业链、供应链、价值链短板环节，研发具有高技术标准、高科技含量的高端产品，实现芯片、传感与 IGBT 等领域的技术突破与集成应用。二是开发新兴领域产品服务，布局未来发展赛道与增长极。以数字新基建、车联网平台、综合能源服务等为抓手，形成满足交通、工业等多领域发展需要的新兴产品与服务，为电力企业发展提供持续动能。三是渗透多领域、多行业、多场景，打造能源电力消费新产品。以业态模式创新促进能源产品服务创新、能源消费渠道再造等，实现清洁化、市场化、电气化、数字化、高效化的能源消费新模式。

四、关于电力企业助力新发展格局、构建能源互联网产业体系的思考

发展能源互联网产业应以产品为主要抓手，打通从产品强到产业强、企业强的通道，为壮大能源互联网产业集群提供强有力的动能，有效助力构建新发展格局。

一是科学明确企业在能源互联网产业中的价值定位。其中，电力央企要发挥"国家队"和"主力军"的作用，遵循监管要求，科学作为，根据细分产业差异化需要，以主导者、合作者、服务者等定位，推动能源互联网产业各相关方的共同壮大。

二是科学实现关键领域技术跨越，助力产业高端布局。电力企业要抓住国家新发展格局的契机，着力攻克关键核心技术，着力加强高端科技，在综合能源系统等领域立足产业链高端位置，实现价值链上移和产业引领作用。

三是科学推动能源互联网重大集成示范工程的建设。电力企业等可以通过能源互联网示范推动产业加速，科学集成先进成熟技术，合理匹配能源变革转型的重大应用场景，形成可复制、可推广、可移植的方案和模式。

国家新发展格局下能源互联网
产业价值与发展举措

2020 年 5 月以来，习近平总书记多次指出，要推动形成"以国内大循环为主体、国内国际双循环相互促进"的新发展格局。这个新发展格局是根据我国发展阶段、环境、条件变化提出来的，是重塑我国国际合作和竞争新优势的战略抉择。能源电力企业，特别是能源互联网企业，可在畅通国民经济循环为主的新发展格局中发挥重要作用。能源互联网产业作为能源转型发展落地实施的重要抓手，可以有效促进消费循环、科技循环、产业循环和区域循环，为国民经济发展注入持续动能。

一、国家新发展格局内涵分析

（一）国家新发展格局的内涵体系

国内大循环是指打通国内生产、分配、流通、消费的各个环节，建立高度开放、安全和自由流动的国内市场。完善国内需求体系、供应链体系，供给和需求相互促进、循环流动，最大化资源配置，充分发挥国内市场潜力。国内国际双循环是指以国内大循环为主体，深化对外开放，使得国内市场和国际市场更好地联通、促进。

经过综合分析研判，国内大循环的重点体现在消费循环、科技循环、产业循环、区域循环四个方面。其中，消费循环是国民经济循环的基本要求，主要是解决国内市场有效需求不足、需求错配等问题，释放内需潜力，促进消费持续升级、提高人们生活品质；科技循环是国民经济循环的核心基础，主要是集聚国内外高端创新资源，打造自主可控的创新链，构建以我国为主的科技创新网络，满足国内市场技术需求；产业循环是国民经济循环的关键载体，包括稳定优化产业链、供应链、价值链，形成各类产业结构协调的局面，实现实体经济与虚拟经济相结合的现代化产业体系和集群；区域循环是国民经济循环的重要动能，是以都市圈发展、新型城镇化为依托，促进城乡经济发展，带动投资和消费需求，培育新的增长极，加强区域之间连通性和协调发展。

上述四个循环是国内大循环新发展格局的核心内容，此外还包括资本循环、土地循环、劳动力循环、数据循环等保障循环。从与能源互联网产业的相关程度出发，本文聚焦四个核心循环展开。

（二）国家新发展格局的重点任务

一是加快建设统一开放市场，带动消费增长、促进消费结构升级、提高人民生活品质。扩大城镇消费群体，推进农业农村现代化，带动城乡经济发展；优化分配结构，发展壮大中等收入群体，增强高质量发展的内生动力。

二是加快科技自立自强，促进产学研协同创新，实现关键领域自主可控。加强科技创新服务体系建设，打通从技术创新决策、研发投入、科研组织到成果转化的循环链条。鼓励和支持产业与高校、科研机构建立产学研用协同创新网络，促进科技成果转化。打好关键核心技术攻坚战，加快攻克重要领域"卡脖子"技术。

三是推动产业链、供应链优化升级，大力培育发展新兴产业，推进产业迈向中高端。要把增强产业链韧性和竞争力放在更加重要的位置，着力构建自主可控、安全高效的产业链、供应链。特别是瞄准产业链关键环节和突出短板，打造更强创新力、更高附加值的产业链，培育具有核心竞争力的产业集群。推动数字经济、平台经济等持续壮大发展，引领新旧动能转换。

四是加强区域基础设施互联互通，推动区域一体化、分工协作和联动发展。构建新发展格局要与实施区域重大战略、区域协调发展战略、主体功能区战略、建设自由贸易试验区等有机衔接起来。特别是要加强区域间的紧密合作，推动区域间产业分工、基础设施、公共服务、环境治理等协调联动。建立以中心城市、都市圈、城市群联动发展的新模式，推动区域板块之间融合互动发展。

二、能源互联网产业支撑国家新发展格局的价值分析

（一）能源互联网产业构成：价值创造视角

能源互联网产业是能源产业和信息技术产业深度融合且以消费者用能需求为核心的现代化产业体系，本节聚焦能源互联网的产业价值，研究其对国家新发展格局的支撑力。

1. 能源互联网产业分类

本节参考能源互联网各领域、各环节特点，从产业发展的价值创造角度，将能源互联网产业划分为能源基础产业、能源数字产业和能源服务产业三大类（见图2-4）。

图2-4　价值创造视角下的能源互联网产业结构示意图

　　能源基础产业是指涵盖能源生产、转换、传输、存储、消费等各环节物理设施的基础支撑产业，如能源生产开发、电网建设运营、电力设备制造、油气等其他能源生产与配送网络等。能源数字产业是指基于"大云物移智链"等先进数字技术建设的开放共享的能源信息网络的相关产业，如能源智能终端、能源传感通信、能源大数据等。能源服务产业是指以消费者用能为核心，以平台建设为基础，以市场化为手段，实现能源产业资本运营和资源优化配置的相关行业，如能源市场服务、综合能源服务、能源金融、能源工业云网、智慧车联网等。

　　2. 能源互联网产业的主要特征

　　体系畅通、产业多元、规模显著、开放共享是能源互联网产业的主要特征。

　　体系畅通：以电力行业为枢纽，融合其他能源基础产业、能源数字产业和能源服务产业，构建能源互联网价值平台，实现能源流、信息流和价值流的深度耦合，实现能源产业与非能源产业的互联互通。

　　产业多元：能源互联网产业链广泛，覆盖了节能环保产业、新能源产业、新一代信息技术产业、高端装备制造产业等战略新兴产业，并与农业、交通、建筑等领域关系紧密。

　　规模显著：能源互联网产业的市场规模巨大，覆盖了能源生产、转换、传输、存储和消费等各环节，对一大批传统产业的转型升级与新兴产业的发展具有很强的带动作用。

　　开放共享：能源互联网产业具有天然的生态特征，可有效促进资产、信息、业务等开放共享，吸纳更多的社会资源和资本共建、共治、共享能源互联网产业生态圈，实现业态创新与互利共赢。

　　(二)支撑国家新发展格局的价值机理

　　能源互联网产业具有强大的资源配置能力和服务支撑能力，可通过发挥"一个基础、四个支撑"作用，有效促进国内大循环新发展格局的形成。本节给出了能源互联网产业发展支撑国内大循环新格局的价值机理(见图2-5)，并详细刻画了价值传导逻辑。

　　1. 一个基础

　　能源互联网产业为国民经济循环提供能源自主经济供应的保障基础。能源供应是各产业发展不可或缺的基础，通过能源互联网推动能源系统自主、安全、可靠、经济运行，保障国民经济循环的发展独立可控。

　　一方面，能源互联网产业发展将推动能源自主水平的提高。近年来，我国石油和天然气对外依存度分别在70%以上和40%以上，保障国家能源安全是国家的核心利益。能源互联网产业发展以清洁替代、电能替代为切入点，以持续提升能源多元供应能力为重点举措，建设坚强电网网架，支持集中式和分布式能源、各类储能设施、多元化主体的广泛接入，为国民经济循环提供坚实基础。

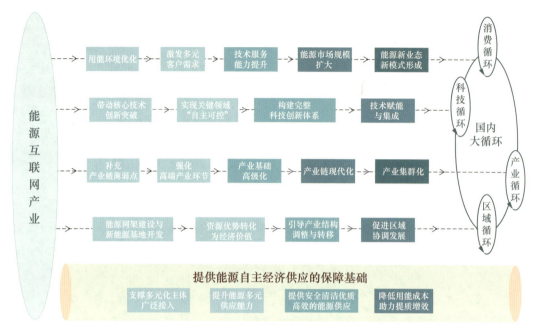

图 2-5　能源互联网产业发展支撑国内大循环新格局的价值机理

另一方面，能源互联网产业发展将支撑用能经济水平的提高。通过完善能源供应基础设施、加强节能和能效管理，提供定制化、个性化的综合能源服务和解决方案，降低综合用能成本，从而为用户提供安全清洁优质高效的能源供应，实现绿色低碳循环发展，助力产业相关方提质增效。

2. 四个支撑

能源互联网产业的发展可以有力支撑"以国内大循环为主体、国内国际双循环相互促进"新发展格局的形成，在推动消费循环、科技循环、产业循环和区域循环四个方面的价值和需求如下。

（1）支撑消费循环，扩大内需消费市场。

1）价值机理。能源互联网以用户用能环境与营商环境优化为切入点，以能源产品服务创新、能源消费渠道再造和能源消费价格市场调节为重点举措，激发用户多元化需求，扩大能源市场规模，促进能源消费模式创新，催生能源行业新业态、新模式的形成，推动消费内循环的发展。

能源消费市场规模未来增长迅速。以综合能源服务市场为例，经测算❶，2020—2035 年，综合能源服务市场规模将从 0.5 万亿元快速增长至 1.8 万亿元。例如，分布式光伏发电 2020 年新增装机规模 2000 万千瓦，投资成本 6.1 万元/千瓦，市场潜力达到 595 亿元。节能照明 2020 年市场潜力达到 135 亿元，余热余压利用市场潜力 112 亿元。充电站 2020 年新增数量 1000～2000 座，市场潜力 92 亿元。

---

❶　根据国家电网公司重大战略课题《公司发展综合能源服务战略研究》测算结果。

2）要求。在都市圈经济与乡村振兴的发展背景下，应把握相关消费市场需求，着力在电力服务方式、能源业态模式等方面寻求创新与突破，进一步提升服务质效、优化营商环境，激发市场潜力。

（2）支撑科技循环，引领核心技术攻坚。

1）价值机理。能源互联网产业发展将带动以新一代信息技术产业为代表的战略性新兴产业的蓬勃发展，实现关键领域的技术突破与产品的"自主可控"，减弱核心技术对"外循环"的过度依赖。通过构建产学研深度融合的科技创新体系，培育具有高附加值的优势产品。

我国在特高压输电、大电网安全、新能源并网、智能电网、柔性直流输电等多个领域取得了众多具有自主知识产权、引领世界电网技术发展的科技创新成果，2022年公开数据显示，仅国家电网公司主导制定国际标准82项，编制国家标准833项、行业标准1833项、企业标准2739项；拥有专利93427项，专利申请量和累计拥有量连续9年排名央企第一。但是，能源互联网领域仍然存在一些关键原材料、元器件和核心技术"卡脖子"的情况，电力产业链安全水平有待进一步提高；新能源高比例、大规模并网，显著加大了电力系统平衡调节和安全稳定控制的难度；电网向能源互联网转型升级进程中，须把握机遇，抢占能源互联网技术的制高点。

2）要求。国内大循环对能源电力领域核心技术的突破提出了更高的要求，应进一步发挥能源互联网产业技术集成、创新赋能的巨大潜力与价值，以科技创新助力科技内循环发展。

（3）支撑产业循环，带动产业转型升级。

1）价值机理。能源互联网建设推动能源产业各要素、各环节的数字化和网络化，促进相关产业的数字化转型升级，补充产业链薄弱点，强化高端产业环节，实现产业基础高级化、产业链现代化，助力新兴产业实现集群化发展。以电力行业为典型代表的能源产业，在中国乃至世界经济中占据重要的地位，具备很强的行业影响力、产业协同能力、产业带动能力。

能源电力在国内大循环体系中具有很强的产业带动力。一台变压器的生产能够带动上下游近千家企业复工。2020年，国家电网公司全年特高压建设项目投资规模1128亿元，可带动社会投资2235亿元，整体规模近5000亿元。能源互联网为各类新兴产业提供应用场景，促进产业转型升级，如2022年国家电网公司已建成1200余座北斗基站并运用在基建、运检、调控等领域。2023年，我国上榜《财富》世界500强榜单的能源企业共计20家，占全球上榜能源企业数量（83家）的24.1%，其中，我国电力行业上榜企业共7家，占全球上榜电力企业（17家）的41.2%，表明我国能源企业的重要影响力。

2）要求。能源互联网产业要进一步发挥全产业链优势，提升产业带动能力、创新赋能水平，提升价值链水平，形成完备的、现代化的能源互联网产业体系，深度嵌入国家产业循环中。

（4）支撑区域循环，服务区域协调发展。

1）价值机理。能源互联网可进一步提升能源资源的配置效率，助力资源优势转化为经济价值；助力区域优化产业结构，进行产业转移，发挥集聚效应；以车联网等强化区域互联互通，带动新型城镇化建设，拉动区域内消费增长，促进区域协调发展。

电网企业大力支撑区域一体化发展，如推出长三角一体化发展电力行动计划，通过推动电网信息数据、资源共享，推进电网一体化规划研究、协同电网建设，持续提升长三角能源资源配置能力和电力安全保障水平。通过全面整合服务资源、系统再造服务流程、建设统一服务平台，重点推动供电服务"跨省一网通办"，助力区域营商环境联建，积极优化区域营商环境。全面提升长三角一体化发展电力互联互通水平，进一步发挥电网在区域能源格局中的资源优势和带动效应，打造全新升级的长三角一体化能源生态圈。

2）要求。能源互联网产业要将能源流、资金流、价值流进一步融入区域间产业结构调整和转移中，推动区域间协调发展局面的形成。

三、能源电力企业服务国家新发展格局的举措思路

能源电力企业应以服务我国新发展格局为出发点，增强机遇意识和风险意识，准确识变、科学应变、主动求变，努力实现能源互联网产业更高质量、更有效率、更加公平、更可持续、更为安全地发展，为国民经济循环提供强有力的支撑。具体来说，包括优化现代化产业体系、深化产业生态赋能、助力经济社会转型三个方面（见图2-6）。

优化现代化产业体系是企业支撑国民经济循环的当务之急，唯有做优做强做大，才能构建形成现代化的产业体系，适应行业发展、支撑经济社会转型；深化产业生态赋能是企业支撑国民经济循环的必由之路，通过共建、共享、共赢，才能助力实现全行业全产业的健康有序发展，以行业强大合力更进一步推动经济社会发展；助力经济社会转型是企业支撑国民经济循环的必然要求，通过延伸与拓展能源互联网产业的价值取向，塑造能源电力消费发展、数字经济发展、城乡协调发展等新格局，能够更好更快地实现国民经济循环发展。

（一）优化现代化产业体系，引领未来科技发展

一是着力技术攻关突破，补齐高位需求、补强产业链条。发挥能源电力领域的技术保障作用，打通产学研链条，实现芯片、传感与 IGBT 等领域的技术突破与集成应用，支撑电网安全运行与智能互联的技术需要，助力高附加值产品的"中国创造"与高精尖技术的"中国引领"。

二是布局未来发展赛道，培育高增长点、打造新增长极。面向未来产业发展格局，对接国家战略性新兴产业等发展需要，以现有产业体系为基础，积极布局成长性强、盈利预期好、市场需求旺盛的新兴领域，以数字新基建、车联网平台、综合能源服务

等为抓手满足交通、工业等多领域发展需要，为现代化产业体系发展提供持续动能。

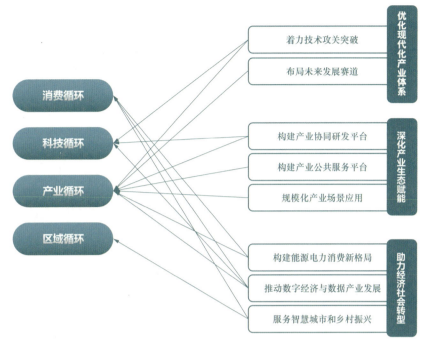

图 2-6 能源互联网产业发展支撑国内大循环新发展格局重点举措

（二）深化产业生态赋能，凝聚行业发展合力

一是构建产业协同研发平台，辐射带动中小企业发展。在技术研发的重点攻关领域，培育建设一批产业、产品协同研发平台，向中小配套企业开放共享，推动产业集群共性技术研发和推广应用，引导创新资源向集群集聚。鼓励企业自身重点实验室资源向社会开放，包括重大科研基础设施和大型科研仪器等资源的共享和复用。

二是构建产业公共服务平台，实现资源要素高效聚合、灵活流通。集聚各类产业的基础设施、数据等优质服务资源，发挥平台价值功能（如工业互联网、电工装备云网、电子商务平台），构建面向多行业、多场景的产业公共服务平台，实现资源、技术、渠道、工具的共建、共用、共享，服务产业链企业的快速成长壮大。

三是以规模化产业场景应用带动新兴产业崛起。能源产业互联网的市场规模优势为新技术、新产业的先行先试提供了高效平台，通过将 5G、人工智能、北斗等新兴技术应用于电力生产运行、电网检修、地理信息服务等多个领域，可以加快新兴技术和产业成熟。

（三）助力经济社会转型，打造价值创造枢纽

一是渗透多领域、多行业、多场景，构建能源电力消费新格局。聚焦能源电力消费格局演变趋势，通过创新的业态模式，带动新用户、新市场，打通新渠道、新通路，创造新产品、新服务，促进能源消费模式的转变。

二是融入数据要素市场建设，推动数字经济与数据产业发展。主动对接各地政府，制定数据共享清单，根据智慧城市建设、城市规划等需求，服务经济社会发展的数据需求，助力数据要素市场建设。特别是通过瞄准市场需求开发相应的数字化产品，结合能源大数据中心，形成电力特色的数据平台与业务模式。

三是服务智慧城市和乡村振兴，激活全社会价值需求。促进省际、城际间能源电力基础设施、数字新基建等互联互通，发挥车联网平台、智慧物流平台等功能，助力城市群、都市圈内能源、电力、数据的循环流动。以农村能源互联网建设推动乡村电气化水平提升，以光伏扶贫、能源电商新零售等激活下沉市场消费潜力，助力乡村建设融入"国内大循环"新发展格局。

四、国家新发展格局下能源互联网产业发展的思考

能源互联网产业的发展，需要政府、产业、企业等各层级各部门共同发力，可为国家新发展格局提供支撑力量。

1. 针对能源电力主管部门、地方政府等

一方面，加强能源互联网产业集群发展规划。科学规划布局产业集群，提高产业集群集聚度，争取将能源互联网产业集群发展规划纳入重点地区发展规划，与城乡规划、土地利用总体规划等有机衔接。打造一批有特色的、有示范作用的能源互联网产业集群。

另一方面，完善科技研发机制优化促进技术突破。完善科技成果使用、处置和收益管理制度，加大对科研人员转化科研成果的激励力度，构建服务支撑体系，打通成果转化通道。大力发展创业投资，建立多层次资本市场支持创新机制，构建多元化融资渠道。

2. 针对能源互联网产业链的各类企业

一方面，需要打造有利于产业发展的工具链体系。工具链是提升产业发展效率的重要帮手，进一步梳理、汇聚产业链有关技术能力，形成可以针对内外部开放使用的工具体系，并建立公共开发平台，大幅度降低先进技术的应用门槛。

另一方面，龙头企业发挥以大带小价值形成产业生态体系。作为经济发展的能源血脉，能源电力在国内大循环体系中具有很强的带动力，相关企业应加强与产业链上下游合作，共同建设能源互联网生态圈，进一步带动产业链整体升级，培育产业集群。

能源互联网产业规模分析及
典型领域测算

产业规模是指一类产业的产出规模或经营规模,产业规模可用产值或产出量表示。产业规模反映了一个行业或市场领域的大小,其受到多重因素的影响,包括政策、行业发展形势、技术趋势、社会人文环境、人口统计学变量、地区资源禀赋、产品/服务的需求供给决定(可以用数量或者营业收入、销售额等表示)等。

产业规模的概念与市场规模不同,由于都能够反映相关领域的发展趋势,经常被混用。其不同之处在于:市场规模主要通过关注利润空间、市场结构来反映与企业层面相关的市场策略、投资策略,体现的是市场竞争性特点;产业规模更多是通过产能、产值等来体现对产业结构、产业链增值空间甚至生产总值等国民经济增长相关的影响,体现的是产业发展趋势。

能源互联网产业体系庞大、复杂,涉及细分产业领域众多,遍布国民经济行业的多个领域,属于新型的交叉领域,其产业规模测算难度大,统计与衡量标准尚不明确。按照一般产业规模测算分析方法,可采用结构分解法进行测算分析及相应的评估预测,即根据各子领域分项测算再累加的方法来计算产业规模。而各个子领域分项测算,则可以从常用的多种方法中选取适用的进行测算。

本文梳理产业规模测算的几种通用方法,分析其基本原理、适用场景,并根据能源互联网典型子领域进行测算分析,以期为能源互联网产业规模的分析测算提供思路借鉴。

一、产业规模测算通用方法及原理

产业规模测算方法众多,除采用结构分解法测算复杂产业体系外,还包括固定增长预测法、需求推算法、核心企业累计法、关联行业或竞品推算法、贡献度分析法、专家法等。实际工作中,往往会多种方法组合使用,并对各个子领域分别采用不同的方法进行综合计算,或并行使用多种方法以便对结果进行相互验证。

1. 结构分解法

结构分解法就是将产业系统进行结构和领域上的分解,将其拆分成若干个子领域,并对各子领域进行分项测算的测算分析方法,适用于体系庞杂的产业领域的规模测算与分析。结构分解法可用公式表示为

$$产业规模 = \Sigma 各子领域产业规模 \tag{2-1}$$

2. 固定增长预测法

固定增长预测法是自上而下分析的方法，是根据第三方数据、统计报告等，从宏观指标（如人口特征）逐步细分拆解至中观指标（如细分用户群体）乃至微观指标（如关键企业覆盖的目标群体），从供给端的视角将分析逻辑指向目标市场。

该方法适用于深受宏观经济、行业发展因素影响的行业领域的规模分析与预测推演。其典型代表是综合能源服务行业，由于综合能源市场深受"双碳"目标、能源转型等政策趋势及能源电力行业发展影响，其产业上游能源供应方较为强势且占据产业链重要地位。因此，综合能源服务的行业规模可以通过能源政策、转型驱动、用能方式升级、能源技术进步等进行综合的研判。

基于园区需求的测算逻辑：全国工业园区数量→有能源管理需求的园区数量→当前能够改造加入综合能源服务的园区比例→行业规模测算。

基于行业发展规律的测算逻辑：PEST 宏观经济数据确定行业发展情景→市场调查分析确定关键参数→产业发展周期确定规模增长趋势→行业规模演算。

3. 需求推算法

需求推算法是自下而上的分析方法，主要是根据目标市场的需求来测算产业规模。可以简单地应用需求数量、需求频次进行计算，也可以引入需求特点、用户细分、消费者心理等各类因素进行更精确的测算。

该方法适用于需求侧驱动明显的行业，特别是目标人群和需求明确、产品服务类型较为简单明确的行业。如对能源电商新零售市场的测算，可以利用潜在用户数量、平台渗透率、客单数量、日活用户数等数据进行测算分析。其可表示为

$$产业规模 = 潜在用户数 \times 渗透率 \times 频次 \times 单价 \qquad (2\text{-}2)$$

$$产业规模 = f(用户规模，需求特点，消费者行为，\cdots) \qquad (2\text{-}3)$$

4. 核心企业累计法

核心企业累计法主要是通过市场中核心企业的业务产值累加得到，也可以利用龙头企业的产值、营业收入、用户覆盖范围、产品数量等关键指标，结合龙头企业市场份额占比或市场集中度进行计算。此外，也可利用上市公司产值或估值等数据进行测算分析。

该方法适用于各类行业，其优点是数据获取容易、计算简便，缺点是数据不准确或不全面。该方法适用于行业趋势的宏观预判，以及对行业竞争格局、行业景气度的研判。其可表示为

$$产业规模 = \Sigma 核心企业产值或营业收入等关键业务指标 \qquad (2\text{-}4)$$

$$产业规模 = 龙头企业产值或营业收入等关键业务指标/龙头企业市场占有率 \qquad (2\text{-}5)$$

$$产业规模 = \Sigma(行业内排名前 n 的企业产值或营业收入)/对应的行业集中度 \qquad (2\text{-}6)$$

5. 关联行业或竞品推算法

关联行业或竞品推算法是指利用竞争对手、强相关行业或互补行业的情况进行

推算的方法。根据五力竞争模型❶可知，替代者（竞争对手）、供应商等都是行业竞争分析的关键角色。可以通过结合指定企业与竞争对手的用户数量、市场份额的综合分析，推算相应的产业规模；也可以将与目标行业紧密相关的行业规模作为依据进行推算，如应用互补性行业规模进行等量换算，应用核心子领域规模进行等比例推算等。

该方法适用场景包括具有非常连贯、较为单一供应路径的行业领域，替代和互补领域规模比较明显的行业，核心子领域规模明确的行业等。典型代表是电动汽车充电桩建设运营、充电服务市场的测算，可以根据电动汽车产业规模进行推算，两者是互补的关系，但需要结合历史数据考虑产业发展初期规模比例不协调的因素。该方法可用公式表示为

$$产业规模 = f（指定企业规模，竞争对手规模） \tag{2-7}$$

$$产业规模 = 相关行业规模/相关行业产品均价 × 目标行业产品均价 × \\ 两行业产品数配比 \tag{2-8}$$

6. 贡献度分析法

针对数字化技术等新兴技术在能源互联网领域的全面渗透，数字产业化、产业数字化的价值影响往往无法界定，产值与规模难以衡量。因此可以采用贡献度分析法，将数字化技术采纳应用程度作为一个贡献率指标，对"能源数字产业"的产业规模进行计算。其中，贡献率可以参考文献析出值、行业公认值、官方统计值等确认，并可结合未来预期增长贡献率进行中长期预测。

该方法适用于新兴技术在行业中应用、渗透的计算，特别是对"能源数字产业"此类纵横交叉的产业领域的规模测算分析。其可用公式表示为

$$产业规模 = \Sigma（采用新兴技术的某领域自身的规模× \\ 新兴技术在该领域的贡献水平/比例） \tag{2-9}$$

7. 专家法

对于一些研究实践比较成熟的行业领域，或是产业规模难以被直接统计和计算的领域，可以直接利用政策报告与规划文件、专家访谈与调研、行研报告等结论，以便节约研究的时间成本。

二、产业规模测算方法适用场景

根据对产业规模测算分析方法的梳理，本节给出了产业规模测算方法的对比（见表2-2），并给出了各类方法所适用的典型能源互联网子领域。

---

❶ 五力竞争模型：是战略管理学者迈克尔·波特（Michael Porter）于20世纪80年代初提出的，主要用于竞争战略的分析，可以有效地分析企业所处的行业竞争环境。该理论模型对企业战略管理、产业竞争力研究等产生了全球性的深远影响。模型中的五力包括供应商的讨价还价能力、购买者的讨价还价能力、潜在竞争者进入的能力、替代品的替代能力、行业内竞争者现在的竞争能力。

表 2-2　　　　　　　　　　　产业规模测算方法对比及适用场景

计算方法分类	原理	适应行业类型或应用场景	典型能源互联网子领域
结构分解法	根据各子领域分项测算再累加的方法来计算产业规模	产业领域复杂的场景	能源互联网整体规模测算
固定增长预测法	自上而下分析的方法，从供给端的视角，将宏观影响因素逐层分解，最终将分析逻辑指向目标市场，形成多重因素的测算	行业规模与宏观经济指标、产业政策、行业供给与投入水平紧密相关的行业领域	综合能源服务、新能源发电、分布式光伏发电等
需求推算法	自下而上分析的方法，分析依据是目标市场的需求	适用于需求侧驱动明显、需求端特点鲜明的行业	能源电商新零售
核心企业累计法	核心企业产值、上市公司估值累加，或利用龙头企业市场份额或集中度进行计算	可以有效地分析行业趋势、竞争格局、行业景气度指标	各类行业
关联行业或竞品推算法	利用竞争对手、强相关行业或互补行业的情况进行推算的方法	适用于目标行业的供应链清晰、竞争对手明确、互补行业或关联行业规模可得的情况	电动汽车充电服务
贡献度分析法	某项技术在各行业的应用贡献比例	适用于新兴技术在行业中应用、渗透的计算	能源数字行业
专家法	直接利用政策报告与规划文件、专家访谈与调研、行研报告等的结论	适用于较成熟的领域，或难以直接计算的领域，可以节约研究的时间成本	各类行业

三、能源互联网典型领域产业规模测算分析

（一）综合能源服务（售电+分布式+用户侧节能服务）

当前，能源电力行业对综合能源服务的定义边界并不统一，划分维度较多，统计结果也千差万别。如仅从用户侧来看，综合能源服务主要以客户侧的节能服务、能效管理等为主，此处区别于用户侧节能服务；从售电与服务业务逻辑来看，综合能源服务涉及业务范围更多，其主要包括能源销售服务（市场化售电）、分布式能源服务、节能服务等。

本书采用多种方法组合，以全社会用电量数据为基础，测算和分析综合能源服务产业规模。从整体来看，利用结构分解法，测算公式如下：

综合能源服务产业规模＝市场化售电＋分布式光伏＋节能服务＋其他　　　（2-10）

从各部分来看，可采用固定增长预测法、需求推算法、贡献度分析法等分别计算各部分产业规模。其中，节能服务规模可采用已有的专家估值或行研报告数据；其他领域规模则按照贡献度分析法进行推算；市场化售电规模、分布式光伏规模的测算分析方法如下：

市场化售电规模＝社会用电量×市场化交易电量比例×平均电价收益　　（2-11）
　　　　　　＝全年市场化交易电量×平均电价收益

$$分布式光伏规模 = 分布式光伏装机容量 \times 光伏平均利用小时数 \times$$
$$光伏利用率 \times 光伏平均电价 \tag{2-12}$$

1. 市场化售电规模测算与分析

根据国家能源局、中电联等统计数据显示，2020、2021 年，全年市场化交易电量分别约为 3.166 万亿千瓦·时、3.779 万亿千瓦·时，同比增长 11.7%、15.7%，占全社会用电量 40%、45%。

当前一般工商业用电电价收益约为 0.002 元/（千瓦·时），则可以得到 2020 年市场化售电规模为 63.32 亿元，2021 年市场化售电规模为 75.58 亿元。

2025 年，全国统一电力市场体系将初步建成，跨省跨区资源市场化配置和绿色电力交易规模显著提高，行业专家预测市场化交易电量占全国总用电量分别为 60% 和 70% 左右。根据相关机构预测，预计 2025、2030 年我国全社会用电量为 9.5 万亿千瓦·时、11.5 万亿千瓦·时，则可以推算 2025、2030 年市场化售电量规模将达到 190 亿元、230 亿元。

2. 分布式光伏规模测算与分析

分布式光伏装机容量方面，2020 年分布式光伏装机新增 1552 万千瓦（同比增长 27.0%），累计装机容量约为 7815 万千瓦（同比增长 24.8%），累计约占全部光伏发电并网装机容量的 31.0%。2021 年我国分布式光伏新增装机容量达 2930 万千瓦（同比增长 88.8%），累计装机容量为 10751 万千瓦（同比增长 37.6%），累计约占全部光伏发电并网装机容量 35.1%。预计 2025、2030 年分布式光伏装机容量将达到 23000 万千瓦、29000 万千瓦。

光伏平均利用小时数方面，2020 年全国光伏平均利用小时数为 1160 小时，2021 年为 1163 小时。根据行业研究报告测算，依据中国光伏行业协会（CPIA）预计的各类电池转化效率及市场渗透率、光伏电池平均量产转化效率等因素，2025、2030 年光伏可利用小时数预计提升至 1212 小时、1264 小时。

光伏电价方面，当前光伏发电已逐步迈入平价上网时代，按照 0.23 元/（千瓦·时）计算。

光伏利用率方面，目前全国弃光率约为 2%，即光伏利用率为 98%。

根据以上数据可以得到：2020 年分布式光伏产业规模=7815 万千瓦×1160 小时×0.23 元/（千瓦·时）×98%=204 亿元。同理，2021 年为 282 亿元。预测 2025、2030 年分布式光伏产业规模为 630 亿元、830 亿元。

3. 节能服务规模测算与分析

近年来，国家在财政支出方面，把生态环保、绿色发展作为重要的领域，财政支出逐步扩大，促进了节能服务行业进一步发展。据中国节能协会节能服务产业委员会（EMCA）数据显示，2020 年我国节能服务产业总产值达 5917 亿元，同比增长 13.3%。2021 年总产值则达到了 6743 亿元，同比增长 14.0%。在"碳达峰、碳中和"以及"十四五"

的一系列目标和规划的推动下，我国节能服务市场总规模将继续扩大。预计到 2025、2030 年将分别达到 8080 亿元、11340 亿元。

4. 分领域产值累加分析综合能源服务产业规模

根据行业研究显示，除市场化售电、分布式光伏、节能服务外，综合能源服务还涉及能源金融、衍生服务等，贡献度约为 20%。

因此，综合能源服务产业规模计算如下：

综合能源服务产业规模=（市场化售电+分布式光伏+节能服务）/80% （2-13）

根据式（2-13）计算可得：2020 年综合能源服务产业规模=（0.0063+0.0200+0.5920）/0.8=0.773（万亿元）。同理，2021 年为 0.887 万亿元。预计 2025、2030 年将分别达到 1.113 万亿元、1.550 万亿元。综合能源服务产业规模测算分析结果见表 2-3。

表 2-3 综合能源服务产业规模测算分析结果

产业领域		2020 年	2021 年	2025 年	2030 年
综合能源服务（万亿元）		0.773	0.887	1.113	1.550
部分重点领域	市场化售电（万亿元）	0.0063	0.0076	0.0190	0.0230
	分布式光伏（万亿元）	0.0200	0.0280	0.0630	0.0830
	节能服务（万亿元）	0.5920	0.6740	0.8080	1.1340

注 由于综合能源服务内涵边界并不统一，数据结果仅供参考。

（二）电动汽车充电服务

经过十多年的快速发展，电动汽车产业实现了从无到有、高速发展的过程，以充电服务领域为主要代表的电动汽车充电设施行业也实现了快速发展，成为当前充电设施运营企业的核心业务，竞争日趋激烈。电动汽车充电基础设施行业具体包括充电设备制造、设备销售、设备与场站运营、充电及其他增值服务。电动汽车充电服务属于电动汽车充电基础设施行业的一部分，是直接面向电动汽车的运营服务环节，主要涵盖充电桩运营、充电及其他增值服务等环节。

当前，充电服务领域的核心利润点是充电服务收入，其他增值业务尚不成熟、未形成较大规模的盈利空间。因此，在假定充电服务收入为该领域主要产出的基础上，根据充电服务用电量需求大致推算充电服务的产业规模。由于充电桩并不是 100% 利用，且当前车桩配比足够满足每辆电动汽车对应的充电时长，因此充电服务产业规模可以由电动汽车保有量对应的用电量需求规模来估算，即采用关联行业分析及需求推演法测算，具体计算公式可表示为

充电服务产业规模=充电用电量规模×充电服务平均价格

=电动汽车保有量×每辆汽车年均耗电量× （2-14）

充电服务平均价格

充电服务用电量规模方面，根据行业研究显示，一般认为电动汽车平均百公里耗

电量约为 12 千瓦·时，日均行驶里程为 100 千米，即年均耗电量约为 4270 千瓦·时。因此，结合电动汽车保有量可计算得到：2020、2021 年，充电服务用电量规模为 210 亿千瓦·时、334.6 亿千瓦·时，预计 2025、2030 年充电服务用电量将达到 1316.4 亿千瓦·时、4270 亿千瓦·时。

充电服务价格方面，包括电费和服务费。电费方面，可按照普通商业电价计算，一般为 0.4～1.2 元/（千瓦·时）；服务费方面，大部分地区的充电服务收费实行市场调节价，如北京地区在 2020 年时规定充电服务收费上限标准为 92 号汽油最高零售价的 15%，多数地区也大多采用此种方式，将充电服务收费标准定为 92 号汽油最高零售价的 10%～15%。目前，目前各地政府针对服务费的指导价格最高限价为 0.6～1.8 元/（千瓦·时）。因此，充电服务的平均价格约为 1～3 元/（千瓦·时），服务费占 2/3。

取充电服务价格的中间值 2 元/（千瓦·时），由此可得：2020、2021 年，充电服务产业规模分别为 0.042 万亿、0.067 万亿元。预测 2025、2030 年充电服务产业规模分别为 0.263 万亿、0.854 万亿元。充电服务产业规模测算分析结果见表 2-4。

表 2-4　　　　　　　　　　充电服务产业规模测算分析结果

年份	2020	2021	2025	2030
汽车保有量（万辆）	492	784	3082	10000
充电桩保有量（万台）	168.1	261.7	1466	16800
充电服务用电量规模（亿千瓦·时）	210	334.6	1316.4	4270
充电服务产业规模（万亿元）	0.042	0.067	0.263	0.854

注　该计算方法暂未考虑未来替代充电服务的换电服务部分，结果仅供参考。

业态创新

　　本篇章主要研究"新业态",通过研究分析业务集群、商务拓展、平台战略等三种新兴业态,为新兴业务发展提供三种思路,即集群化发展促进新兴业务的精准决策、商务拓展战略促进新兴业务的开拓创新、平台战略促进新兴业务的能力和业务增长。

　　文章一研究"业务集群"新业态,从业务集群体系、业务分类坐标、业务拓展任务、业务具体执行四个层次搭建"点-线-面-体"的新兴业务集群化发展体系。

　　文章二研究"商务拓展"新业态,从业务体系、功能体系和支撑体系三个部分,明确了新兴业务进行商务拓展的工作内容、承接企业战略与市场营销的职能边界,形成了新兴业务商务拓展工作思路及具体任务的设计方法。

　　文章三研究"平台战略"新业态,在动态阶段变化中,研究环境基础、赋能能力、关键要素等如何促进平台类业务实现业务增长、能力跃迁两大核心目标。

能源互联网新兴业务集群发展体系解构：点-线-面-体

一、能源电力企业构建新兴业务体系的背景

能源互联网代表着一种新的经济形态，能充分发挥互联网在能源生产要素配置中的优化和集成作用，能源互联网新兴业务是能源互联网价值体现，通过构建能源互联网新兴业务体系可以直接推动科技进步、创造市场需求、重塑产业结构，推动产业升级。

从外部发展形势变化来看，政府日趋严格的监管要求，产业融合、跨界协同的加速推进，市场开放竞争的愈发激烈，能源革命与信息技术的发展要求等，推动了能源电力企业新旧动能转换，各能源电力企业纷纷提出新业务拓展、竞争优势培育的发展诉求。面临深刻变革的外部形势，关系国计民生的能源电力企业如何高质量发展受到各方广泛关注。同时，能源生产与消费形式的变革带来了新一轮的能源革命，"大云物移智链"等现代信息、通信技术影响了能源产业内外部、上下游的技术实现与资源需求，能源行业面临着技术革新与新旧动能转换的挑战。能源电力企业亟须积极开展新业务、新业态的探索和实践，凝聚发展新动力、培育竞争新优势，推动发展转型升级。

从管理方式来看，当前大多数能源电力企业从集约管控的管理方式开始向共建共享的管理方式进行转变，要求更加先进、更加高效、更高质量的管理方式，以适应和匹配新发展形势下的企业发展与业务拓展需求。以往能源电力企业开展能源相关业务，以统一推进、集约管控的形式，实现了业务的标准化、流程化发展，能够适应与满足能源传统业务发展链条。随着内外部形势的变化及大量新业务、新业态的涌现，能源电力企业既有的产业链条与业务流程发生了变化，提出了对内专业协同、对外业务开拓的业务发展需求，因此，亟须转变管理方式，以先进的手段实现业务拓展创新与内外融通发展的目标。特别是要结合市场需求与自身优势开展业务创新、业态升级，根据业务属性与成长周期来探索与之相匹配的组织架构变革路径，根据业务量、市场竞争态势、商业前景等灵活采用专业公司、事业部、业务群等组织形式，实现内外部利益相关方的协同发展、共建共享。

从国际大企业发展趋势来看，建立新兴业务的战略体系，发掘新兴业务拓展潜力与功能，对业务未来发展方向实施战略把控、联盟合作、培育整合、管理优化等，成为大型企业进行业务布局扩张、引领产业发展的重要手段。日本东京电力、法国电力集团、德国意昂集团等能源电力企业，以及华为公司等国内互联网企业，在顶层设计

方面，均立足企业既有业务体系，统筹业务战略规划和业务发展布局，实现战略层面的把控，牵引企业未来的发展方向；在推进策略方面，积极开展产业生态联合，快速建立竞争优势，灵活运用战略合作、项目合资、并购等方式，与各类主体携手开拓市场，实现生态系统深度互联、互通、互融；在业务实施方面，顺应商业生态发展趋势，做精衍生服务、做强业态融合、做新品牌宣传，实现新业务、新业态的创新发展，提升企业竞争优势。

整体来看，能源电力企业发展新业务、新业态，布局开拓市场的机遇大于挑战。重点是加强实施战略把控，提升企业拓展新兴业务的能力与水平，优化组织管理方式与能源资源配置方式，培育企业竞争能力，实现新业务新业态的高质量发展。

二、能源互联网新兴业务体系构建思路

准确把握业务发展节奏，以市场化视野提升新兴业务拓展工作，统筹整合企业资源和能力，全面考虑新业务、新业态整体市场的培育、布局与开拓，推动能源电力企业的业务拓展工作从被动接触向主动拓展转变、从条块化推进向协同合作转变，从业务内部扶持成长向参与外部竞争成长转变，构建重点业务有序突破、集成输出科学高效、业务布局全面协同的发展体系，营造企业与外部广泛紧密的合作伙伴关系，打造能源互联网的理念输出、成果推介、价值创造的窗口，形成能源新产业落地实施的典范模式，促进能源电力企业新兴业务拓展工作取得跨越性的成效和突破。

能源互联网新兴业务体系的构建遵循以下原则：

（1）坚持服务国家战略与提升企业竞争力相结合。将企业新业务拓展与国家能源、经济、产业等方面战略需求相结合，密切关注经济社会发展的方向和需求，结合自身发展实际着力提升企业业务拓展能力，在国家经济和产业发展中贡献价值作用。

（2）坚持存量市场挖掘与新增市场创造相结合。不断巩固能源电力企业自身优势和市场，以产业链和价值链的延伸和演变为切入点，深入挖掘价值空间；同时注重能源互联网催化新业态、新市场的萌发机遇，加快新增市场的培育，为相关产业营造更大成长空间。

（3）坚持自身发展与互利共赢相结合。正确处理维护企业自身发展和促进共同发展的关系，树立"互利共赢、有取有舍"的理念。结合主业业务布局及生态布局目标，有针对性地聚焦和筛选业务领域，在强化自身发展的同时，积极进行外部赋能，共同做大能源互联网生态圈。

（4）坚持加快步伐与商业风险防控相结合。加快业务拓展工作的步伐，探索能源电力企业新兴业务经营规律，具备条件业务加快推广应用取得价值效益。同时，立足自身实际，准确定位、量力而行、讲求实效，增强商务风险意识，加强风险管控能力建设，防范投资和经营风险。

（5）坚持内部提质增效与对外业务拓展相结合。开展内外业务协调对接工作，统

筹考虑对内提质增效和对外业务拓展之间的关系，在新业务的整体规划、设计及商业模式探索过程中，充分发挥内部支撑作用。

（6）坚持顶层设计指导与基层自行探索相结合。在企业层面统筹考虑新业务培育和布局，鼓励贴近用户的基层结合需求，积极创新，进行迭代开发，不断提升新产品和新服务的竞争力。在此基础上，以内部模拟市场、成熟度跟踪分析等手段，筛选真正具备外部市场竞争生存能力的业务，进行资源聚集和扩大应用。

三、能源互联网新兴业务集群发展体系（点-线-面-体）

能源互联网新兴业务集群发展体系紧紧围绕新发展格局构建，以能源互联网新兴业务为"点"，以新兴业务拓展任务为"线"，以业务集群为"面"，以新兴业务集群发展整体工作为"体"，以"体"管"面"，以"面"布"线"，以"线"控"点"，形成"点-线-面-体"的发展体系，实现新兴业务发展的顺畅、高效、有序开展。能源互联网新兴业务集群发展体系示意如图 3-1 所示。

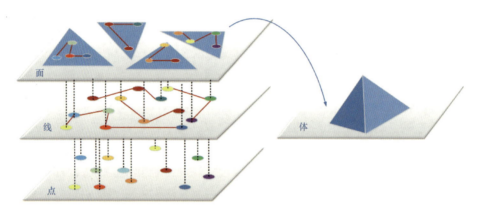

图 3-1　能源互联网新兴业务集群发展体系（点-线-面-体）示意图

（1）"体"：新兴业务集群发展整体工作思路。发展体系中的"体"对应于能源互联网新兴业务集群发展整体工作，其整体发展必须与企业发展战略相适应。

（2）"面"：新兴业务集群发展思路与方向。发展体系中的"面"对应于能源互联网集群式业务面，每个业务面的主要业务拓展策略相同或相近。从企业具备的业务开展能力及盈利预期两个角度来看，各类能源电力企业当前业务可分为四个集群式业务面，即重点增值业务面（A 类业务面）、社会价值业务面（B 类业务面）、共拓共享业务面（C 类业务面）、孵化培育业务面（D 类业务面），集群业务面划分形成能源互联网新兴业务发展矩阵（见图 3-2）。

A 类业务面是企业有能力拓展且盈利预期较大的业务集群，是能源互联网新兴业务中的主体业务，也是实现企业增收的主要业务。

B 类业务面是企业有能力拓展，但盈利预期较小或无盈利预期的业务集群，主要是基础设施类、公益类业务等。通过该类业务的拓展，可以体现各类能源电力企业社会责任，提升品牌效应。B类业务可以跨业务面向A类业务跃升。

C类业务面是企业拓展能力较弱，但盈利预期较好的业务集群。该类业务是企业深化对外合作的重点业务，通过合作方式开展该类业务，一方面可以借助外部力量拓展业务，实现企业增收；另一方面可以培养提升企业业务能力，为后续独立开展相关业务打下基础。C类业务可以跨业务面向A类业务跃升。

D类业务面是企业拓展能力较弱，且盈利预期不足的业务集群。该类业务是业务孵化的重点，通过孵化业务的市场化上线，实现D类业务跨业务面向A、B、C类业务跃升，丰富能源互联网业务体系的同时，提升企业市场竞争力。

各业务面的发展不能脱离业务拓展工作的整体目标，以目标牵引业务面发展，避免业务拓展任务与业务发展整体目标脱节，实现业务拓展任务的高效统筹，有序发展。

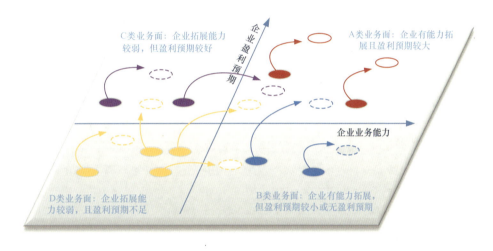

图3-2　能源互联网新兴业务发展矩阵

（3）"线"：新兴业务拓展任务与策略。发展体系中的"线"对应于能源互联网新兴业务拓展工作的关键任务，是能源电力企业推动各类业务高效、有序发展的重要手段，将随着各类业务的发展及能源互联网发展阶段的跃迁而动态变化。当前各类重点任务的拓展策略有明显区别，其拓展效果也有较大差异，需要归类管理，建立具有统一拓展策略的集群式业务面与重点任务之间的归属关系，实现以面布线，统筹管理。

（4）"点"：具体的新兴业务执行。发展体系中的"点"对应各类能源互联网新兴业务，是新兴业务发展的业务承载主体，也是能源互联网建设成败的关键要素。这些业务涉及领域众多、覆盖范围广泛、客户群体千差万别，在能源互联网发展初期，业务的散点式发展市场影响力弱、拓展效果不明显，不利于形成品牌效应，需要通过重点任务等形式，将各类业务有效串接。实现从上到下，以线控点，便于业务管理，有序推进；从下到上，汇点成线，便于业务拓展，整体规划。

受限于篇幅，此处不展开具体的新兴业务探讨，主要在发展体系指导下分析四大业务集群的拓展需求与挑战，分析不同业务集群的不同拓展任务与策略，即研究如何以"面"布"线"、以"线"控"点"。

四、能源互联网新兴业务发展策略

（一）以"面"布"线"：四大业务集群的拓展需求与挑战分析

能源电力企业发展能源互联网新兴业务，需在重点增值业务、社会价值业务、共拓共享业务、孵化培育业务等四类业务上发力，开展覆盖面广、介入程度深、拓展水平高的业务发展策略。

1. 重点增值业务

主抓综合能源服务、基础设施资源共享运营等业务，突破综合能源服务业务综合价值挖掘与集成式服务的短板，拓展基础设施资源共享运营业务的资源复用与增值空间，促进重点增值业务面上各类业务成本降低、客户数量增加、业务集成度提高、盈利水平提升、服务多元化发展。

一是攻克综合能源服务业务的发展瓶颈。当前我国综合能源服务市场潜力大，业务点多面广，既有用能咨询、分布式光伏等单体式服务，又有园区能源一体化供应等集成式服务，但发展过程中仍存在掣肘。能源电力企业，一要聚焦弱竞争性和引领带动性，紧抓"综合"二字，通过新兴业务拓展任务，整合与集成综合能源服务的前端营销与后端服务优势，对接与连接供需双方的信息与交易服务，着力攻克一体化集成式服务；二要聚焦弱竞争性和支撑发展性，抓住市场交易痛点，加快构建综合能源服务平台，服务于政府、企业及其他服务商、客户三方需求，以供需匹配平台为核心，延伸出政府管理平台、设备管控平台、服务商支撑平台。

二是挖掘基础资源共享运营业务的盈利空间。基础资源共享运营业务推进资源跨界共享与增值，具有发展潜力大、增值拓展性强的特点，各能源电力企业掌握发展的主动权，能够决定开发方式和程度。作为战略性资源，企业应坚持"将资源产品化、服务化、增值化"的发展方针，坚持"安全第一，统筹规划"的发展原则，坚持"专业运营，战略合作"的发展模式，坚持"探索创新，高端增值"的发展策略。一方面，建立动态的资源分级分类管理机制，研判各类资源及不同开发方式的价值空间，加快探索价值空间大的业务方向；另一方面，采用自主开发或战略合作开发两种模式，将资源产品化、服务化，实现高端增值再对外获利，避免资源低端化出租。

2. 社会价值业务

高点定位能源互联网新兴业务发展工作，积极拓展和推动能源互联网新业态在国家现代化治理与公共基础服务、智慧城市建设中的布局和应用，充分发挥社会价值与社会影响力。

一是支撑国家现代化治理与公共基础设施服务。大型能源电力企业是我国能源高质量发展、推动能源革命的重要力量，在支撑国家现代化治理、加强新兴产业融合发展、服务人民美好生活需求方面承担着重大使命。一要注重发挥支撑国家治理作用，通过平台开放共享促进资源优化配置，成为社会公共基础设施的重要组成；二要加强新型基础设施建设，推进人工智能、工业互联网、物联网、5G商用在能源互联网建设中的布局应用，加速能源基础服务的智能化；三要加强能源基础设施与市政、交通、物流基础设施建设之间的匹配协同，强化民生和公共服务能力建设需求，以满足人民美好生活对安全优质、经济便捷、清洁智能的能源供应需求。

二是推动在智慧城市建设中的布局与应用。智慧城市建设覆盖能源电力、交通、民生等多个行业，需要统筹协调、共同发挥各个领域的作用价值。能源互联网新兴业务可在智慧城市的规划设计、投资建设、运营管理方面提供支持，发挥能源电力在智慧城市建设中的关键作用。一方面，可以通过能源电力数据业务化，将城市能源监测、综合能源系统与能源管理服务、电动汽车与智能充电管理等融入智慧城市整体设计中，以示范项目带动相关业务的社会价值，争取政策支持，借助智慧城市的系统效应，便于后续进一步推广；另一方面，可以将综合能源服务等新兴业务与智慧城市建设中的需求对接，以项目打包、合资建设、参股入股等多种形式投资建设建筑节能、能源托管、碳管理等具体落地工程项目；此外，发挥综合能源服务平台、能源大数据中心等平台连接与数据管理能力，参与并共同开展智慧城市所涉及的信息交互、数据管理工作。

3. 共拓共享业务

重点打造互联网平台、资源共享平台等，汇聚业务、渠道和资源，精准赋能行业、牵引产业节奏，提升企业影响力。

一是依托平台分阶段布局业务创新。平台是实现新兴业务精准布局的重要抓手。可重点针对2C业务（To Customer，即直接面向消费者的业务），扩大用户规模，提升品牌效应。但企业搭建高价值的平台、形成可持续的平台业务，并非朝夕之事，特别是C端业务，具有用户多、需求杂、变化快等特点，需要找准定位、分阶段打造和完善平台。能源互联网企业面向广大C端用户，在初期需要统筹采取整体性的经营方式，便于形成总体合力，整体覆盖用户，快速形成用户网络和流量基础；在业务日渐成熟后，需要采用分散突破的方式，从用户需求、地域特点等方面找到新的亮点，转变为新的增长点。

二是精准寻找赋能行业的切入点。为实现更好的赋能效果，应从以下角度识别赋能机会：一要瞄准前景广阔的行业细分领域，面向蓝海市场差异化发展，避免同质化竞争；二要催生增量市场空间，尽量不"侵蚀"已有存量市场，而是催生和加速增量市场"蛋糕"；三要围绕核心主业发展，以自身掌握的行业优势资源为切入点，以点带面推动相关延伸业务；四要注重生态主体的丰富性和多元性，贴近用户需求，向不同体量、不同类型的客户群体提供多样化服务；五要形成良性发展循环，通过赋能助力企业的重点业务推进、数据体系完善，推动整体能源生态圈的进化和提升。

4. 孵化培育业务

横向挖掘业务拓展价值，采取培育孵化、技术购买、兼并重组、赋能产业等多种业务拓展手段，快速占据能源互联网新业态的各类应用场景与市场需求，主导能源互联网新业态的产业链协同与业务拓展地位。

一是入驻产业园区实现快速孵化成长。对接设施齐全、配套成熟的产业园区，整合孵化培育类业务入驻其中，利用产业园区的产业链协同优势与产业集群效应，快速培育相关业务，加速其成长进入市场并融入产业链。

二是兼并重组实现产业培育及整合。我国互联网企业，除内部业务调整布局外，也常采用收购兼并、战略投资、培育孵化等方式进入新的技术和业务领域，以此完成快速进入细分市场、协同产业链等目的。部分能源互联网新兴业务也可以采取此方式收购有前景、有潜力的创新业态模式，或跨行业合作投资满足新的场景需求，能够迅速补齐短板、整合行业资源、转变业务布局方式，同时发挥能源互联网生态网络效应。

（二）以"线"控"点"：新兴业务的差异化拓展任务与策略

基于以上新兴业务发展策略，从任务活动类型出发，形成横跨多种业务的集成式重点任务，包括布局智慧城市、对接产业园区、产业培育及孵化、并购与合作、打造核心平台型业务、资源共享运营、品牌生态构建、理论研究与创新、用户侧一站式服务、打造统一的移动 App 智能终端等。

1. 布局智慧城市

智慧城市是现代城市发展的新模式，是指在城市规划、城市建设、城市治理与运营等领域中，充分利用物联网、大数据、云计算、人工智能、区块链等新技术手段，对城市居民生活工作、企业经营发展、政府行政管理过程中的相关活动，进行智慧化的感知、分析与集成，从而为市民提供更美好的生活和工作服务、为企业创造更有利的商业发展环境、为政府赋能更高效的运营与管理机制，实现智慧城市的善政、惠民、兴业，使得市民有幸福感、城市管理者有成就感、企业有获得感，并实现智慧城市可持续的运营与发展。

2. 对接产业园区

产业园区是指以促进某一产业发展为目标而创立的特殊区位环境，是区域经济发展、产业调整升级的重要空间聚集形式。成熟的产业园区是产业发展的载体和空间，可以实现产业孵化、产业聚集、产业服务与产业生态的构建。业务拓展工作通过对接产业园区，将需要迅速孵化成长的产业进驻产业园区，实现一次性对接、批量入驻，充分利用产业园区的成本优势、市场优势、创新优势与扩张优势，使得入驻产业在园区内迅速孵化成长，构建完备的产业体系与产业生态。

3. 产业培育及孵化

对于当前业务能力与资源禀赋较差、短期内企业在该类业务上的盈利空间较小的业务，自行培育与孵化，助力未来新兴产业成长。通过兼并重组、主动投资等手段，整合优质资源，待业务能力成熟之后全面投入市场，完成产业升级。

4. 并购与合作

对于自身业务能力不足，但市场与盈利空间较大的业务，可以通过与其他企业进行并购或者合作的方式，整合优质资源，兼收并蓄，在市场竞争、政策监管、经营资质、人才队伍、组织架构等方面优势互补，实现业务的快速布局与良性发展。

5. 打造核心平台型业务

实现能源电力企业从传统集约式发展到平台型、共享型企业的转型，从深耕"孤岛"模式到助力"平台"模式，打造核心平台型业务是主要实现手段之一。目前现有平台业务虽取得初步成效，但仍存在服务领域单一、客户感知落后、协同效应不足、无法适应多样性需求等业务发展问题，因此应聚焦能源互联网建设关键领域，通过商业模式创新、流量吸引、平台属性深化、平台治理、价值链拓展等一系列手段，打造核心平台型业务，实现平台型企业的战略转型。

6. 资源共享运营

大型能源电力企业拥有庞大的客户、数据等软资源，同时拥有高价值的场地、设备、器材等硬资产，通过资源的共享、复用、增值，可以快速布局业务、迅速占领市场，实现资产利用效率的提高和业务营收的提升，打造能源形式"互换互济"，基础设施"互联互通"的新局面。

7. 品牌生态构建

新业务的发展需要对外树立良好的品牌形象。一方面，新兴业务面向充分开放的市场，良好的品牌形象有助于业务在市场竞争中占据优势地位；另一方面，良好的品牌示范效应，有助于打造健康的产业生态。通过政府示范工程、能源电商扶贫等业务，获取社会效益，通过社会各界正面的评价，带动存量业务快速发展，推动形成企业品牌生态。

8. 理论研究与创新

受市场需求、政策改革、技术更新等多方面因素影响，新兴业务拓展是一项需要不断迭代和进步的工作，业务拓展的顶层设计、战略规划、实施路径等需要不断调整，以适应外部局势的变化。通过对政策法规、监管局势、新兴技术的研究与业务商业模式的创新，借助仿真实验室等软件化手段，实现新业务商业模式的理论层次快速迭代及业务的健康发展。

9. 用户侧一站式服务

通过拓展更多应用场景来满足用户多样化、个性化需求，为用户提供更便捷、更轻松、更智能的一站式服务，进一步提升用户黏性，提升用户对企业品牌的认可度。

如综合能源服务一站式解决方案、平台化线上一站式服务、金融业务一站式贯通等，打通供给侧与需求侧链条，真正满足用户需求。

10. 打造统一的移动 App 智能终端

针对当前能源类 App 种类数量繁多、不同 App 业务功能重合且部分功能板块缺失的现状，亟须打造一个统一的移动 App 智能终端，既涵盖传统能源业务也涵盖能源服务与新兴互联网业务，为各类业务提供一个统一的入口，对内主要解决现有 App 智能终端服务领域单一、客户感知落后、协同效应不足等业务发展问题；对外主要解决现有 App 智能终端用户参与度低、价值潜力挖掘不足等产业发展问题。

能源互联网业务集群及其主要拓展任务见表 3-1。

表 3-1　　　　　　　　　能源互联网业务集群及其主要拓展任务

序号	任务名称	A 类业务	B 类业务	C 类业务	D 类业务
1	布局智慧城市		√		
2	对接产业园区	√			
3	产业培育及孵化				√
4	并购与合作			√	
5	打造核心平台型业务	√			
6	资源共享运营	√			
7	品牌生态构建		√		
8	理论研究与创新		√		
9	用户侧一站式服务			√	
10	打造统一的移动 App 智能终端			√	

面向能源互联网新兴业务的商务拓展战略体系与业态创新策略

一、商务拓展的概念和定位

（一）商务拓展的普遍认识

"商务"是指一切与买卖商品服务相关的商业事务。"拓展"是指在原有的基础上增加新的东西，是质量的变化，而不是数量的变化。因此，从字面理解，"商务拓展"是指针对商业事务的拓展活动。

从理论认知来看，商务拓展（Business Development，BD）常与战略（Strategy）、市场营销（Marketing）等存在一定的含义交叉、职能重叠。其中，战略是指宏观层面从全局考虑谋划实现全局目标的规划；市场营销是组织为了自身及利益相关者的利益而创造、沟通、传播和传递客户价值，为顾客、客户、合作伙伴及整个社会带来经济价值的活动、过程和体系。商务拓展是介于战略与市场营销之间的企业行为，可以理解为广义的市场营销行为，或是战略的市场营销概念。因此，一般认为，商务拓展延伸了企业组织和利益的边界，商务拓展的相关从业人员需要具备宏观的战略思维。

从实践来看，商务拓展的概念与行为普遍存在于各类企业中，华为、百度、字节跳动等各类互联网企业均设有商务拓展相关部门、职能与岗位，并在战略、运营、组织等不同视角下赋予了商务拓展差异化的功能定位。战略视角下，商务拓展是根据企业战略制定发展计划并予以执行，和上游及平行的合作伙伴建立畅通的合作渠道，和相关政府、协会等机构沟通以寻求支持并争取资源；运营视角下，承接产业上下游，在业务运营具体过程中进行合作伙伴管理、需求挖掘、项目合作等具体商务活动；组织视角下，商务拓展活动对内协调内部专业部门，开发新业务流程，对外组织实行市场推广与商务合作，以便拓展业务功能与范围。商务拓展的主流视角与观点见表3-2，表中梳理了商务拓展的概念内涵和理论研究。

表 3-2　　　　　　　　　　商务拓展的主流视角与观点

视角	观点	主要职能	典型代表
战略视角	根据企业战略制定发展计划并予以执行，和上游及平行的合作伙伴建立畅通的合作渠道，和相关政府、协会等机构沟通以寻求支持并争取资源	1）确定商务拓展计划与商业合作方案；2）建立与维系合作关系与渠道；3）整合企业内外部商务合作的关键资源；4）市场行业趋势、竞争情报的获取与分析	华为等大型企业设有战略Marketing部门与岗位，主要从战略层面对接市场需求、发掘商业合作，整合利用商务拓展的渠道、资源与情报信息等

55

视角	观点	主要职能	典型代表
运营视角	承接产业上下游，在业务运营具体过程中进行合作伙伴管理、需求挖掘、项目合作等具体商务活动	1）管理合作伙伴关系、挖掘商务合作需求； 2）对接合作伙伴之间在内容、产品、技术的合作	百度、字节跳动等各类互联网企业均设有商务拓展部门与专岗，主要维护企业运营过程中的合作伙伴关系及相关合作内容等具体事宜
组织视角	商务拓展活动对内协调内部专业部门，开发新业务流程；对外组织实行市场推广与商务合作，以便拓展业务功能与范围	1）业务流程开发与梳理； 2）协调内部专业部门； 3）策划、组织与监督市场推广	部分大型企业战略规划部门的商务策划岗位要求对商务拓展进行组织方面的协调与支撑

结合理论与实践可以看出，广义的商务拓展涉及从战略、运营到组织的各个方面的业务拓展及协调发展问题。既要从顶层设计进行战略层面的商务拓展规划，又要在具体市场推广、营销、销售等多个环节，开展围绕业务内容、用户需求、客户关系等方面的商务拓展运营工作，还要通过把握业务流程、内部协调、组织监督等方面进行商务拓展的组织支撑。

因此，商务拓展是以实现能源互联网新业务、新业态的推广创新和企业可持续发展为目标，制定业务拓展路径与组织协调机制，开展商业模式设计、资源对接与合作交流等系列活动。

（二）国内外企业商务拓展经验与启示

通过梳理日本东京电力、德国意昂集团、法国电力集团、华为公司等国内外企业的商务拓展情况，分别从企业开展商务拓展的战略定位、企业商务拓展的目标与重点、企业组织架构变革、开展商务拓展的主要做法等方面总结经验，为能源电力企业开展商务拓展工作提供借鉴意义。国内外企业商务拓展情况见表3-3。

表3-3　　　　　　　　　　国内外企业商务拓展情况

企业	战略定位	目标与重点	组织架构变革	主要做法
日本东京电力	日本东京电力从综合能源服务商的战略定位出发，新成立专业公司，力求提供多种电力能源产品及新型能源服务	转型目标是努力成为综合能源服务行业的引领者。东京电力将变革组织机构、共享电网基础设施、推广应用物联网、打造商业生态系统作为转型重点	为更好地开展综合能源服务业务，东京电力转型为控股型集团公司。具体变革如下： 1）向三大子公司充分下放经营决策权，集团总部强化战略、成本、经营绩效管控； 2）重组竞争性能源零售业务，依据业务场景设立事业部，为客户提供一站式用能解决方案	1）适应转型要求，打造"四位一体"支撑平台； 2）应对市场需求，不断完善"以用户为中心"的组织结构； 3）细分客户需求，实施差异化、个性化的营销策略； 4）顺应商业生态发展趋势，广泛开展产业链上下游战略合作
德国意昂集团	德国意昂集团的战略使命是在清洁化、去中心化、数字化	重点业务包括客户服务、能源网络、可再生能源	2014年底，德国意昂集团宣布转型，计划在未来两年对公司进行拆分，将传统能源业务剥离，组建新公司Uniper，	德国意昂集团转型的主要做法包括三个方面： 1）根据形势变化，及时调整发展战略；

企业	战略定位	目标与重点	组织架构变革	主要做法
德国意昂集团	的能源世界中,通过提供定制能源解决方案成为客户的第一选择	重点业务包括客户服务、能源网络、可再生能源	德国意昂集团则保留三大核心业务:可再生能源、能源网络和客户解决方案。2018年,德国意昂集团再次进行战略调整,与莱茵集团(RWE)实行业务互换和资产重组	2)开展资本运作,助推转型升级 3)延伸优化产业链,提高企业竞争力
法国电力集团	法国电力集团实施"2030年可持续发展目标"战略(CAP 2030),形成了基于核电、水电、新能源的多元化电力结构,致力于为客户提供包括电力投资、工程设计及电力管理与配送在内的一体化解决方案	法国电力集团将成为一个支持低碳增长的高效和负责任的电力公司作为目标。法国电力集团的发展围绕四个战略重点: 1)平衡发展被监管业务和竞争性业务; 2)把握上下游业务的平衡发展; 3)实现销售产品多样化,拓宽产品的种类以满足用户的需求; 4)经营区域集中化,将集中发展欧洲大陆和亚太的业务,逐渐退出拉美市场	为了扩大业务范围,创造新的业务增长点,法国电力集团于2017年6月成立了"EDF New Business"的部门,为客户提供创新的且有竞争力的产品和服务。作为EDF的初创孵化器,EDF New Business计划在未来两年向10家初创企业投资4000万欧元	法国电力集团商务拓展主要做法主要包括四个方面: 1)以清洁能源为业务核心,做优能源供应布局; 2)以提供解决方案为利润增长点,做精衍生服务; 3)以电力和信息技术为保障,做强新业态融合; 4)以实体和虚拟渠道为载体,做新品牌宣传策略
华为公司	华为公司致力于实现未来信息社会、构建更美好的全联接世界	华为公司是全球领先的信息与通信技术(ICT)解决方案供应商,专注于ICT领域,坚持稳健经营、持续创新、开放合作,在电信运营商、企业、终端和云计算等领域构筑了端到端的解决方案优势,为运营商客户、企业客户和消费者提供有竞争力的ICT解决方案、产品和服务	华为公司的战略与业务发展部又称战略Marketing部,该部门的功能定位是华为公司战略的组织制定者与执行推动者,把握客户的真正需求,坚持主航道的针尖战略,同时牵引公司未来的发展方向和产业节奏,构筑公司未来5~10年走向世界领先的可能	华为公司战略与业务发展部的工作内容包括战略规划、产业发展、市场洞察、品牌营销、合作联盟、新技术新领域等

通过对日本东京电力、德国意昂集团、法国电力集团、华为公司等国内外企业的商务拓展情况分析可见,商务拓展部门在业务扩张期具有重要的地位和引领作用,其定位是连接战略与市场,一般称战略市场部(strategic marketing department)。不同于战略部门只制定企业宏观战略,也不同于营销部门只制定具体营销策略,该部门全面考虑业务整体市场的培育、布局与开拓,统筹集团层面的合作伙伴关系。

总结国内外企业商务拓展实践经验,主要体现在以下几个方面:一是在战略方面,对业务未来商务拓展的方向实施战略把控,同时结合市场需求与自身优势开展业务创新、业态升级,不断优化业务体系,实现全生命周期的动态迭代;二是在组织架构方面,根据业务属性、成长周期等,探索相匹配的组织架构变革路径,根据业务量、市场竞争态势、商业前景等,灵活采用专业公司、事业部、业务群等组织形式;三是在推进策略方面,积极开展产业生态联合,快速建立竞争优势,灵活运用战略合作、项目合资、并购等方式，与各类主体携手开拓市场，实现生态系统深度互联、互通、互融。

（三）能源互联网下商务拓展概念和定位

能源互联网下商务拓展的概念是通过开展市场需求洞察、商业模式创新、品牌营销管理、市场资源对接、商务合作交流等一系列活动，推动新业务新业态的创新，实现企业可持续发展。

能源互联网相关企业商务拓展工作的主要定位是企业战略执行的推动者、能源互联网新业务和产业节奏的牵引者、未来业务发展方向的引领者。商务拓展将成为企业内外部顺畅融通的桥梁，疏通业务链条的断点、堵点，对内打通业务流、数据流与能源流的融合脉络，对外树立企业社会责任、品牌形象、商务拓展能力的形象窗口，维护和拓展合作伙伴关系。

商务拓展的内涵可以从主要功能、实施阶段、服务主体、创新内涵四个角度去理解。从商务拓展主要功能来看，主要是围绕市场需求与用户痛点，对接企业外部资源与内部能力，整合数据与渠道资源，协调客户关系与合作方式，拓展业务领域与生态发展，以实现企业可持续发展。从商务拓展实施阶段来看，初期整盘考虑业务布局、赋能组织活力，远期实行业务分散创新、协同发展。从商务拓展服务主体来看，对外承接合作伙伴、维护客户关系，对内赋能企业组织、激发员工活力。从商务拓展创新内涵来看，针对新业务实现布局开拓，针对新业态实现创新发展。

二、面向能源互联网企业的商务拓展战略体系构建

能源互联网新兴业务更加靠近市场，面临激烈的市场竞争，业务发展的不确定性较大。一方面，能源传统业务发展模式不适用于新兴业务的市场拓展需求；另一方面，新兴业务散点式的市场拓展难以形成规模效应。因此，能源互联网商务拓展工作的体系化发展尤为迫切，其思路、目标、体系、重点任务等亟须明确。

（一）能源互联网商务拓展总体思路与目标

1. 总体思路

围绕能源互联网建设目标任务，从新形势下相匹配的业务科学发展链条出发，打造企业内部组织能力与外部业务创新的桥梁，解决新业务、新业态开拓中出现的商务痛点、难点问题；统筹整合资源和能力，形成能源互联网的理念输出、成果推介、商务对接的三类窗口，打造能源互联网产业落地实施的典范模式，支撑新兴业务工作取得跨越性的成效和突破。

2. 目标

形成与能源互联网企业相匹配的商务拓展体系，服务商务拓展工作各环节，推动新业务高效畅通开展，持续催化能源互联网成果的商务效益和价值实现，实现新业务开拓方向的战略引领。

（二）能源互联网商务拓展战略体系构成

能源互联网商务拓展工作的战略体系，按照自上而下进行分析，可以分为业务体系、功能体系和支撑体系三部分，三部分之间互相联系共同组成商务拓展的整体战略。其中，完善的功能体系可以推动各个层面市场的开辟和拓展；科学的支撑体系可以保障商务拓展各项职责功能的实现。能源互联网商务拓展战略体系结构如图 3-3 所示。

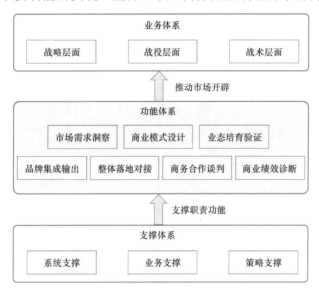

图 3-3　能源互联网商务拓展战略体系结构

1. 业务体系

业务体系是商务拓展的对外业务工作内容和成效的体现，可以进一步分解为战略层面、战役层面和战术层面。战略层面是指通过商务拓展工作，实现能源互联网新兴业务不断衍生，推广应用快速推进，新增营收大规模增长，企业影响力显著提升，能源互联网商务拓展取得全局性进展，形成协同完善的生态体系。战役层面是指通过内部资源统筹、整合、培训，以及外部联合对接、针对性并购等工作，实现能源互联网新兴业务的集成式、一站式拓展，为集群式发展奠定基础。如设计能源互联网整体解决方案，实现与智慧城市的战略对接；开展能源互联网产业园、培育园建设，实现业务打包对接；通过参股控股重点企业等方式实现业务的拓展培育等。战术层面是指基层单位及直属单位，根据自身基础和优势，结合本地特点和需求，因地制宜地开展业务探索。

2. 功能体系

功能体系是指商务拓展工作应具备的职责功能。通过对比能源电力企业传统发展链条和适应新业务发展需求下的发展链条，分析其中的衔接点和欠完善点，发现商务拓展的功能定位，可以将功能体系分为市场需求洞察、商业模式设计、业态培育验证、品牌集成输出、整体落地对接、商务合作谈判、商业绩效诊断共七大功能。

传统业务发展链条：战略→规划→设计→建设→运营→营销，适应能源互联网新业务拓展需求的发展链条：公司战略→整体规划→产业规划→市场需求洞察→业务规划→商业模式设计→业态培育验证→建设实施→部署应用→业务运营→品牌集成输出→整体落地对接→商务合作谈判→营销→市场反馈→商业绩效诊断。能源电力企业发展链条分析如图 3-4 所示，图 3-4 中强调显示的 8 个环节为能源电力企业目前功能不完善或缺失的领域，通过提炼分析形成上述的七大功能。

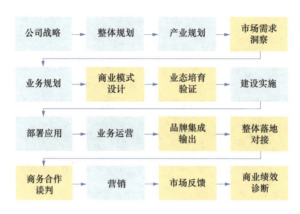

图 3-4　能源电力企业发展链条分析

市场需求洞察是指一方面汇集市场上的用户需求，进行市场研判和分析；另一方面针对已经开展的业务，收集用户和市场的使用反馈，进行分类梳理分析。商业模式设计是指导企业针对具体业务开展科学的商业模式策划书编制，进行商业模式分析，提出相关参考建议。业态培育验证是指为商业模式培育验证创造便利商务条件，从设施、市场、资金等方面进行赋能，加速成长和验证，并动态评估其发展成熟度，为是否进入整体对接环节奠定基础。品牌集成输出是指作为企业商务战略形象的代言人和喉舌，通过组建相关联盟，或者将能源互联网品牌、特色成果专题等进行统一、规范式的宣贯和发布，面向整个社会和市场扩大影响力，进行战略层面输出。整体落地对接是指整合企业资源和下属单位业务能力，以能源互联网整体解决方案的方式与地方政府、产业园进行对接，解决分散对接的困难，提高推广应用效率和规模。商务合作谈判是指针对销售前后或者采购前后，组建专业队伍，以集团谈判的方式，争取优势的商务条件，降低企业成本，提升企业业务效益。商业绩效诊断是指基于市场反馈信息，以及经营状况数据，对新业务的商业绩效进行分析、评估和诊断，为相关业务的持续健康发展提供咨询建议。

3. 支撑体系

支撑体系是指保障商务拓展职责功能实现的平台、机制及策略等方面。主要包括系统支撑、业务支撑、策略支撑。系统支撑是打造纵向敏捷联动、横向灵活互济，前端市场敏锐、后端全面支撑的"问题发现→研究诊断→应用反馈"的闭环工作平台。业务支撑是打造对内高效协同、对外以平台业务为核心，内外协调互济的商务拓展业务对接机制。策略支撑是围绕不同领域业务的发展特性，制定差异化的能源互联网业务商务拓展策略和规范。

（三）商务拓展战略实施路径

能源互联网商务拓展工作的发展大致可以分为两个阶段，即积累阶段和提升阶段。

1. 积累阶段

对应能源互联网建设初期阶段，这一阶段的主要内容是商务拓展工作的探索与完善，通过支撑体系和业务体系的建设，形成包括商务拓展组织架构、支撑体系、流程标准、守则规范、专业队伍、产品规划设计等方面管理手段与经验的积累，实现商务拓展工作的科学化、体系化和流程化。

2. 提升阶段

对应能源互联网建设相对成熟的阶段，这一阶段的主要内容是将上一阶段的工作流程、标准、系统等进行固化提升，实现商务拓展工作的统一化、标准化和规范化，探索在能源电力企业之间形成更高层级商务拓展部门的组织架构及运行机制等问题。

三、商务拓展战略体系下能源互联网业态创新

从商务拓展战略体系出发，面向能源互联网新兴业务的开展需求，围绕业务拓展、功能组织、管理支撑等三个方面的业态创新，分析提出商务拓展中的业态创新关键任务，构建 3 类 13 种商务拓展重点任务（见表 3-4）。

表 3-4　　　　　　　　　　商务拓展重点任务及类别

序号	业态创新内容	业态创新分类		
		业务拓展类	功能组织类	管理支撑类
1	布局智慧城市	√		
2	对接产业园区	√		
3	产业培育及孵化	√		
4	打造核心平台型业务	√		（√）
5	形成差异化市场策略	√		（√）
6	打造支撑体系大前端			√
7	构建支撑体系强后端			√
8	形成工作平台机制			√
9	内外业务协调对接			√
10	科学的项目治理规范			√
11	强化基础能力保障		√	
12	建立专业人才队伍		√	
13	完善组织协调机制		√	

注　带有（）标记的表示该业态任务可能有交叉需求。

（一）业务体系的业态创新

（1）布局智慧城市。高点定位商务拓展工作，发挥能源互联网新业态在智慧城市建设中的大格局、大作用，从顶层设计、投资运营、平台管理等多个角度拓展能源互联网新业态在智慧城市建设中布局和应用。在顶层设计方面，将能源互联网新业态进行战略整合，深度介入城市能源监测、智慧能源综合服务、新能源交通等领域规划设计与建设，争取政府示范项目与政策红利效应；在投资运营方面，组合各类与智慧城市关联的新兴业务与功能服务，以新建子品牌、合资参股等多种形式参与智慧城市建设；在平台管理方面，积极对接政府管理部门，推动城市智慧能源管理平台与城市其他公共服务互联网平台进行信息交互，共同推动形成城市大脑。

（2）对接产业园区。示范探索商务拓展潜力，深度介入各级各类经济开发区或产业园区建设发展的主战场，通过信息追踪、快速布局、分散作战等方式发掘能源互联网新业态的园区级商业价值潜力，形成商业应用典型示范。全国现有200余个国家级产业园区，1300余个省级产业园区，逾万个县级产业园区，是国家高端产业与新兴产业发展的主战场。能源电力企业应通过商务拓展工作，重点追踪与分析不同类型产业园区的发展方向、用能需求、政策关注度、管理成熟度等，随需进行业务快速布局，以整合的方式汇集企业中成熟度较高的业务，进行集中的对接入驻，创造更加优惠的入驻条件，因地、因时、因势推动形成不同的商业价值拓展路径与示范应用模式。

（3）产业培育及孵化。横向挖掘商务拓展价值，采取培育孵化、技术购买、兼并重组、赋能产业等多种商务拓展手段，快速占据能源互联网新业态的各类应用场景与市场需求，主导能源互联网新业态的产业链协同与商务拓展地位。推动建立由政府、能源电力企业、上下游产业、高校及研究机构、中介机构等组成的联盟网络，针对各类有前景、有潜力的新业务、新业态、新模式，以效率优先为原则，通过孵化培育、主动并购等方式快速补齐技术、商业等短板，推动能源互联网新业态的应用示范。

（4）打造核心平台型业务。发挥生态聚集和引领作用，依托平台型业务发展，做好用户对接、端口整合、流量变现等工作，将平台作为资源聚集、价值增值的重要阵地，同步实现赋能行业与生态发展的效果。一方面，需要强化2C业务，壮大用户规模，提升品牌效应。2C业务是优秀互联网企业开展平台业务无法逾越的关键阶段，也是能源电力企业有效聚集资源，避免"管道化"的重要抓手，推进C端平台型业务应以智能用电业务为切入点，打造2C品牌生态，重点是丰富服务功能、创新服务手段、提升服务质量。另一方面，业务资源局部整合符合平台型业务发展的阶段需求。对于平台型企业，整合与分散经营策略的制定和业务的发展阶段密切相关。一般情况下，对于业务发展初期，宜采用整合经营方式，便于形成合力，整体突破；对于业务发展后期，宜采用分散突破方式，便于形成亮点创新，从而突破业务发展瓶颈，找到新的增长点。

（5）形成差异化市场策略。制定针对性的业务拓展策略，体现能源业务的延续性、基础资源的战略性、新业务拓展的创新性。典型的能源互联网新兴业务包括能源综合服务类、资源共享运营类、新兴互联网类等。针对不同业务，需要采用差异化的业务拓展策略。如针对能源综合服务类业务，要充分体现与传统业务的延续性，应以传统业务商业模式创新优化为主，实现传统业务的高效运营，兼顾新业务的科学发展；针对资源共享运营类业务，其商业模式要区分一般性资源和战略性资源，充分考虑战略性资源的价值；针对新兴互联网类业务，其商业模式需要充分借鉴互联网企业相关业务模式，通过并购、深度合作等方式，实现新业务的规模化发展。

（二）支撑体系的业态创新

（1）打造支撑体系大前端。深入市场一线，精准把握用户需求与痛点，打造市场需求搜集、整理、分析平台，形成商务拓展科学支撑体系的大前端。在商务拓展过程中，要建立系统的市场需求搜集、整理及分析平台，重点将市场需求、服务及产品的市场反馈、业务拓展问题、经验与教训等进行详细搜集整理。通过深入研究，对于待解决的问题，给出具体的解决方案，解决各单位分散探索导致的效率不高、资源浪费等问题；对于好的市场拓展经验，形成通用方案，逐级推广，提供借鉴参考，避免走弯路，提升能源互联网建设质量和效率。

（2）构建支撑体系强后端。紧密跟踪经济形势和宏观市场动态，创新商业模式理论研究，打造商业模式设计、仿真、优化平台，形成商务拓展科学支撑体系的坚强后端。积极研究适应能源发展特性的能源互联网商业模式构建理论，创新商业模式，建立商业模式设计、仿真、优化平台。一方面，根据前端反馈的系列问题，通过模拟仿真的方式，找出问题根源，对商业模式进行优化迭代，为前端提供系统的解决方案。另一方面，对于前端反馈的成功市场推广经验，进行分析研究，总结归纳出规律性特征，从而指导其他业务商业模式的设计与优化。通过商业模式设计、仿真、优化平台的建设，实现商业拓展一盘棋，形成上下联动、左右呼应的科学支撑体系。

（3）形成工作平台机制。明确商务拓展工作平台运行机制，制定考核方式，保障商务拓展科学支撑体系的高效运行。任何一个系统的高效运行都需要科学的运行机制作为保障。系统支撑体系的高效运行，需要充分发挥顶层整体协调作用，确保前端与后端在系统中协调有序。一方面设计系统支撑体系的整体架构，另一方面制定详细的系统运行规则，并通过评价考核的办法，确保系统中各节点按照要求高效运作。

（4）内外业务协调对接。系统梳理内部各平台、各应用之间的关系，分析其对新兴业务发展的支撑作用，明确内部提质增效业务模式与外部业务拓展商业模式之间的互济关系。当前能源互联网建设过程中，业务中台和数据中台的建设与对外业务拓展并行推进，各个中台对业务拓展的支撑作用整体考虑不足，业务的规划与拓展也未充分考虑各个中台对业务商业模式、运营方式等的影响。后续能源互联网建设中，需要进一步统筹考虑对内提质增效和对外业务拓展之间的关系，明确各中台建设对业务拓展的支撑作用，在业务的整体规划、设计及商业模式探索过程中，要深入考虑各类中台作用。同时，根据各类中台及业务的相关支撑关系、业务的优先级等，明确各业务及中台的建设时序、建设主体等。

（5）科学的项目治理规范。明确不同业务的投资主体、建设主体、运营主体等。投资方面，应深入分析投资主体与业务特性之间的关系，明确企业自有投资、外部企业独立投资、联合投资等投资方式的优劣势及适应性；运营方面，分析相关新业务特性，明确不同运营主体的优劣势；风险方面，充分考虑政策、环境、技术三个方面风险对业务建设运营的影响。

（三）功能体系的业态创新

（1）强化基础能力保障。针对商业模式设计功能，开发商业模式仿真实验室。通过商业模式设计模型软件化，仿真商业模式市场需求、核心能力、产品服务、盈利模式、风险保障等关键设计要素，将仿真结果与实践验证情况相结合，对商业模式设计形成反馈与迭代支撑。

（2）建立专业人才队伍。针对市场需求收集、业务对接、商务谈判功能，建立商务谈判与对接的专业力量。结合业务特点补充市场营销、业务合作、竞情分析、投融资、项目管理等专业人才，整合系统内电力、技术经济等专业队伍，提升商务拓展专业能力，主要负责市场需求收集分析、市场反馈信息整理报送、业务品牌输出与发布、业务落地与对接洽谈、商务合作谈判等一系列工作。

（3）完善组织协调机制。针对业务培育、并购等商务拓展工作，需要与其他业务部门建立联动机制。设立特定领导小组，明确流程、分工、考核激励等，形成以商务拓展为纽带的开拓力量，打造统一的对外商务拓展窗口，构建一站式的孵化培育服务能力，以更加优化的商务环境推动能源互联网建设。

四、对商务拓展战略的布局思考

本文给出了面向能源互联网新兴业务的商务拓展战略体系与业态创新策略，形成了一套完整的工作机制和方法。在实践中，还需要通过组织架构、人员激励、生态布局等方式进一步支撑，实现对商务拓展工作的布局。

一是探索商务拓展团队和人员的激励机制。参考领先企业的商务拓展队伍的绩效考核与岗位激励经验，最大限度提高商务拓展团队的薪酬灵活性。

二是探索灵活商务拓展工作的组织架构。参考互联网企业商务拓展机构设置的经验，结合动态的工作及人员需求变化，因时、因地、因事地调整组织架构。

三是丰富能源互联网生态圈布局手段。在明确生态圈的发展远景前提下，通过发挥产业联盟实效、赋能生态链企业、内部培育、外部并购等方式，实现生态圈的快速布局。

能源互联网平台型业务发展的理论分析
与深度开发：能力跃迁与业务增长

平台经济理论是一个新兴的产业经济学研究方向，最早开始于 2000 年左右，目前已有诸多学者对平台进行了多方面研究，平台经济理论处于不断发展完善中。平台作为一种新的产业组织业态，产业形状更类似于网状结构，同时连接双边市场，多方交易主体均与平台相互联系，上下游企业及同级企业可实现多层次、交叉性互动。平台具有极大的经济属性，是具备范式特征的价值创造资产，能够带来巨大价值；同时，平台具有不同于传统产业的产业特征，其对于产业发展具有产业素质与效率的提升和优化产业结构等方面的影响。

目前，越来越多的企业采用平台经济与平台战略来指导企业创新与商业模式变革，以促进企业发展与业务创新。谷歌、亚马逊、腾讯、苹果等平台型企业颠覆了传统企业的成长规律，表明了平台战略带来的颠覆性创新效应。除了互联网企业外，制造业、服务业，甚至政府和公共管理部门，都在探索和应用平台性思维去解决管理创新和技术应用问题，深刻影响着社会发展和转型。事实上，企业建设与发展平台的目的之一就是实现多方共赢、共享成果，平台型企业作为平台的核心，是有效发挥平台功能、带动平台利益相关方、构建平台生态的核心关键，也是构建良好生态圈的关键。同时，企业充分发挥平台作用，通过利用自身资源与能力优势，进行知识、信息、能力等多方面的赋能，力求实现多方共赢、共同发展的局面。

能源互联网具有很强烈的平台生态属性，非常需要相关业态整体实力的共同提升来实现能源互联网产业的发展。能源互联网下的平台型企业通过广泛紧密连接和价值外溢，可以发挥对外实现共享和赋能的潜力作用，特别是以信息共享、价值共创、技术赋能等新兴业态管理手段，推动平台型业务的科学发展、做大做强。

因此，本文系统梳理平台型业务内涵和发展现状，结合 VUCA 环境分析❶、价值网络理论及赋能理论等，提出构建平台型业务发展理论体系——"三螺旋模型"，并基于平台赋能机理剖析构建能力跃迁路径图，基于平台演化增长机理构建平台业务增长路线，开发形成了平台型业务发展的基础工具方法，为平台型业务深度开发提供了重要的理论与方法支撑。

---

❶ VUCA 一词最初是美国陆军作战学院在 1987 年描述冷战后期错综复杂的国际局势时发明的词语，包括四个词汇：不稳定性（Volatility）、不确定性（Uncertainty）、复杂性（Complexity）和模糊性（Ambiguity）。这些因素为企业组织分析当前、展望未来、制定政策或计划时提供了情景和边界。VUCA 的分析，目前已经在军事、商业、社会、政治等诸多领域广泛应用。VUCA 环境分析在商业领域的应用是针对复杂多变的不确定性商业环境开展的研究分析，以便辅助开展商业决策。

一、平台型企业与平台型业务的内涵

在商业实践中，平台通常被定义为进行交易的空间和场所，对双方或多方交易完成有促进作用。近年来，随着学术界对平台的普遍关注和深入研究，还有学者将焦点转移到平台企业不断成长以及与其他合作方持续互动方面，继而催生了对平台核心企业与其他平台参与方之间的合作关系、能力提升等方面的研究。通常将平台称为双边市场、多边市场或多边平台，并认为平台是一种特殊市场，可以促进原本无法相互交易的用户群体之间的交流。也就是说，平台可以连接双边或者多边消费者及供应商，增加客户来源的多样性、技术与产品供给的多元性与互补性，实现网络效应与规模经济，增强平台本身的竞争优势。因此，以平台为核心的企业之所以可以获取高额收益，主要是因为平台具有标准化开放接口，可以联结丰富的异质性互补企业，实现互补企业与平台的价值共创，进而吸引大量用户使用平台。

因此，本文认为：平台型企业是指具有双边市场（双边平台）特征、以撮合交易或信息交互为目的并以此获利的企业。具体来说，基于特定的双边市场（双边平台），平台型企业为供需双方提供信息与资源交换、交易撮合等交互的场景与环境，从而达到供需双方匹配需求、降低交易成本、价值共享等目的，而平台拥有方自身则通过平台化发展，通过实施相应的平台发展战略，以建构平台型生态系统为目的，使网络效应扩大化，以期获得更多用户。

平台型企业以平台为基础开展各类业务，实现企业整体的平台化发展。在发展初期，可能并不具备平台型企业的全部特征，而是先利用条件成熟的业务进行平台化发展，逐步完善平台战略，形成部分具有平台型特点的业务，可将其称之为平台型业务。平台型业务就是打造一个多群体共同享用的业务生态环境，通过赋能使得参与主体能够充分实现自身能力提高、业务增长、价值提升，应用网络效应促进平台企业与平台参与主体价值共享的一种战略性业务。

由此提出平台型业务具备的三大主要特点，即拥有双边市场与海量主体、具备交互匹配及一定的规则、平台拥有方主导平台建设管理，具体来说：

（1）拥有双边市场与海量主体。存在大量参与主体的双边市场，能够形成一定的网络外部性。参与主体众多、双边市场形成等能够更大程度、更大效益地发挥平台交互的目的。同时，平台网络外部性使得平台的发展更多依赖于双边市场主体的参与程度，从外向内地倒逼平台企业增强其开放性，形成与平台双边参与者协同发展的体系。

（2）具备交互匹配及一定的规则。参与主体进行产品、信息、资源、交易等某个方面的交互与匹配，并遵循一定的规则。平台的参与主体均是带有各种交互目的而加入的，通过平台的连接交互功能及其一定的"游戏规则"，供需双方可以实现精准的需求匹配，从而达到降低交易成本、提高效率的目标。

（3）平台拥有方主导平台建设管理。产品和信息不全部归属于平台拥有方，平台拥有方以平台建设管理者为主要身份。平台拥有方主要作为平台建设、管理与服务方，一般不直接提供产品与信息，而是利用自身技术、资源优势，发挥赋能主体、撮合交易、交互信息等服务功能，从中抽取佣金和平台管理费用。部分企业会将平台型业务与自产或自营（如京东）进行整合开展平台的运营。

此外，从平台型业务的目标来看，应当具备能力提升、业务增长、价值实现等目标。其中，业务增长是平台型业务发展必需的，包括了利润、收入、客户等各方面的发展，以便业务实现可持续发展；平台的多边属性、生态特点决定了平台型业务发展除了应重视业务本身发展外，还要考虑平台相关企业的能力提升，在参与主体之间的交互匹配中实现互利共赢；而价值实现将会体现在生态圈建设、社会属性等方面。

二、能源互联网下平台型业务发展的问题与挑战

当前，已有许多企业探索建设能源互联网平台，其中包括能源电力企业建设的业务平台，也包括互联网企业的跨界探索。

互联网企业方面，包括百度的天工能源物联网平台、阿里能源云及物联网平台、华为 IoT 物联网联接管理平台、远景能源 EnOS™、新奥泛能网、无锡英臻能源互联网平台 SOLARMAN、新耀光伏云运营平台、朗新科技综合能源服务云等。这些平台大多是基于业务需求而开发的，将平台当作业务发展的辅助工具来使用，包括用户端的 App 开发、流量与数据的导入、相关技术的架构应用等，从而可能会导致数据沉淀量不足、应用模式和盈利模式不确定、平台的价值延伸与生态属性未能显现，未能实现平台的多变效应。

能源电力企业方面，以国家电网公司为例，作为一个平台属性较强的能源电力龙头企业，在新兴业务领域发展方面充分运用各类业务平台，形成了绿色国网、新能源云、智慧车联网、绿色智慧物流、国网商城等典型的平台型业务，在业务发展中实现了创新价值，预期未来发展潜力与市场竞争挑战并存。如"绿色国网"综合能源服务平台拥有万亿级的综合能源服务市场潜力，这一平台已为国家电网公司综合能源服务业务提供了强大助力，发展空间潜力巨大，未来还需要在资源整合、内部协同、产业带动等方面进一步开发潜力；智慧车联网平台有效连接了各类充电桩，以"桩联网"为基础的充电服务在广义的"车联网"生态圈中面临海量用户数据的价值转化、充电服务市场竞争激烈等挑战。

可以看到，无论是互联网企业开发的综合能源服务平台，还是能源电力企业建设的互联网平台，在用户互动、商业价值挖掘方面均有待进一步增强。对照前文提到的平台型业务三大特征，总体来看，各类平台型业务还存在以下问题：

（1）平台型业务服务价值发挥不充分。能源互联网发展过程中，以电网为代表的各类国家发展的基础性公共设施，其广泛延伸的触角能够服务支撑各行业发展需求，推动国家治理能力提升。目前许多能源电力企业已有业务呈现散点式的布局，在赋能

行业社会、带动产业上下游共赢发展方面的作用不突出，距离成为社会公共软硬基础设施关键部分的目标较远。

（2）平台型业务发展面多点少，更多关注自上而下的整体层面，缺少对细分领域的挖掘。目前平台业务往往以统一模式开展，实现对各类业务广覆盖，缺少面向细分领域用户群体的针对性模式。如众多综合能源服务平台提出一站式综合能源服务，但对能源供应企业、能源设备企业、终端用户、政府等各类机构支撑服务缺少细化明确，没有精确定位客户。

（3）平台型业务来源内多外少，尚未有效聚合社会资源实现共享协同。目前许多大型企业平台业务营收主要来自企业内部，缺乏外部竞争力。如众多能源电力央企均涉足了电商领域，早期通过线上线下相结合的方式，快速吸引商家入驻、客户登录。然而不少平台的收入较为依赖内部企业和员工采购，对外业务开展不足，销售收入很少，未能拓展客户与收入渠道，提升进一步的市场能力。

（4）平台用户持续留存与长期参与短多长少，未能将短期内快速聚集的流量进行有效留存，缺乏提升用户黏性的创新模式。电网企业依靠自身品牌优势和庞大的用电客户群体，能够在短期内吸引大量的用户与参与主体进入平台，实现非常高效的引流功能和短期平台效应。但后续乏力的客户留存、客户黏性提升使得引流的价值难以为继和进一步变现，阻碍了平台型业务的发展。

总体来看，能源互联网领域的平台型业务发展整体乏力，未能有效发挥能源互联网产业价值。平台型业务未能充分取得外部主体的信任关系，各类平台的核心企业作为能源互联网产业核心也不能发挥相关责任和赋能价值，本应发挥的网络外部效应无法充分体现，亟须从针对平台型业务发展进行顶层的理论设计和思考。

三、平台型业务发展理论分析与深度开发

（一）平台型业务发展的四大支撑理论分析

关于平台经济及平台战略的研究属于近几年来的热点话题，学者们从经济学、战略管理、商业生态系统等角度开展了大量研究。经济学视角下，主要针对平台的参与方博弈关系、收益分配、合法性等方面开展研究，着重于平台经济现象的经济学解释；商业生态系统视角下，着重于将平台视为企业业务创新、商业模式变革的一种手段，并致力于推动平台战略向平台生态系统演化；战略管理视角下，平台战略带来的竞争优势和发展潜力是最为关键的内容，企业要利用平台战略解决战略路径设计、平台构建、资源整合、竞争优势培育等具体问题。平台战略的核心是探讨平台与企业战略的相互影响，即平台战略能否为企业带来战略价值？不论平台作为战略手段、模式创新还是技术产品的架构，如何支撑战略执行过程，实现业务增长？平台发展过程中竞争优势如何培育？

针对这些问题，作者认为，平台战略的研究需要关注四大支撑理论：VUCA 环境

理论、价值网络理论、对外赋能理论、生命周期理论。VUCA 环境理论着重解释平台发展的外部影响与战略形势，价值网络理论解释了平台参与方之间价值共赢、利益共享的共演关系，对外赋能理论则是结合企业能力理论解释平台所带来的能力增值与竞争优势培育，生命周期理论为平台发展提供了动态视角。

（1）VUCA 环境理论。重点描述环境的不稳定性（Volatility）、不确定性（Uncertainty）、复杂性（Complexity）和模糊性（Ambiguity）对赋能能力、业务关键要素的作用机理。

（2）价值网络理论。价值网络指在不同市场主体、不同产业、不同时间、不同地点之间，形成的价值创造、交换和转移的网络。网络中价值创造从提升供应链效率为主转变为网络协同为主，价值网络中不同行为主体需要更加主动地进行创新，并与其他相关主体进行互动合作以开展价值共创。

（3）对外赋能理论。对外赋能指经营主体在实现了自身能力的迭代优化前提下，通过服务模式的延展实现业务增长，进而回补自营业务需求的方式。其核心是通过赋能实现价值的回流，其关键是企业是否具备赋能能力。对外赋能，赋的是能力，因而是以企业能力理论为支撑的。企业能力理论认为，企业能力的增长与提升是基于外部环境的驱动下资源重组而产生的，赋能情境下企业能力的增长还受到赋能的影响，这与 VUCA 理论相通。

（4）生命周期理论。生命周期理论给出了企业或业务的发展周期，结合平台发展的特点，特别是考虑到平台参与方之间的互动关系，本文认为平台型业务发展一般经历三个典型发展阶段，即交换链接、融合感知、生态引领。交换链接阶段是初级阶段，主要完成平台参与方之间的链接交换功能；融合感知阶段则考虑了平台参与方之间的协同关系、资源整合等，增加了互动质量；生态引领阶段则进一步考虑了平台生态属性。在复杂的网络经济环境下的价值网络中，平台型业务发展需要大幅提高自身对外赋能能力，并据此正向提升业务关键要素，进而提升发展基础，影响外部环境，实现价值回流。

（二）"三螺旋"模型：平台型业务发展理论体系

基于相关理论分析，本文构建了平台型业务发展"三螺旋"模型，用以解释环境基础、赋能能力、关键要素三者之间的作用机理，以及与业务发展所处不同阶段的相互关系。平台型业务发展"三螺旋"模型如图3-5所示。

（1）环境基础、赋能能力、关键要素三者互相影响促进，螺旋上升。环境基础的正向改变促进业务赋能能力的提升，推动业务重构关键要素，而关键要素的重构又为业务发展构建了良好的环境基础。如数据的质量及覆盖范围将促进业务赋能能力的提升，从而带动关键要素重组，进而带来数据质量、规模、价值的提升等。

（2）多要素共同作用实现平台型业务的阶段跃升。平台型业务发展在环境基础、赋能能力、关键要素三者共同推动下从某一阶段向高阶段跃升。在跃升过程中将有两种增长，分别是结构性增长和战略性增长。结构性增长是推动实现战略性增长的重要

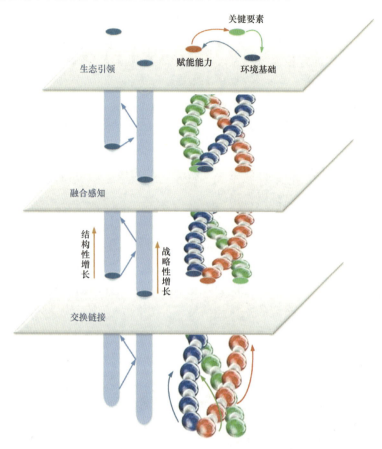

基础，战略性增长是实现平台型业务阶段跃升的前提条件。

图 3-5 平台型业务发展"三螺旋"模型

（3）平台型业务不同阶段的发展方向与重点各不相同。业务不同阶段的赋能能力、关键要素和环境基础（环境发展的程度变化）各不相同，平台型业务不同发展阶段对应的能力、要素及环境见表 3-5。

表 3-5　　　　　　　　平台型业务不同发展阶段对应的能力、要素及环境

发展阶段	交换链接阶段	融合感知阶段	生态引领阶段
赋能能力	连接能力、匹配能力、工具能力、模块能力、交换能力、传播能力	感知能力、集中能力、网络互通能力、资源获取能力、融合能力	分析挖掘能力、决策支撑能力、衍生拓展能力、开放共享能力、核心引领能力、治理管控能力、孵化培育能力
关键要素	互动（点互动）、问责机制设立、结构（规则）设计、用户规模增长、组织架构构建	协同、流程（再造）、商业模式创新、连接方式变革、连接效率提升、资源配置方式（静态）、互动（面互动）、协同规则制定、用户规模增长、营业收入增加、竞合策略调整、组织架构优化、覆盖领域扩展	整合、商业模式创新、资源配置方式（动态）互动（体互动）、营业收入增加、网络生态绩效提升、组织架构变革
环境基础	数据、基础设施、技术、政策机制、资金、影响力		

（三）平台型业务发展机理与技术开发

本文构建了平台型业务发展理论体系——"三螺旋"模型，模型解释了平台型业务发展过程中的环境基础、赋能能力、关键要素这三大主体内容交织作用、相互影响的机理，以及其在不同阶段的跃迁和变化。

从理论体系中可以看出，平台型业务发展有两大核心目标，即能力跃迁和业务增长。

能力跃迁即企业能力的持续不断提升，既包括平台核心企业，也包括平台其他参与者各自能力的不断提升与增长。企业在外部环境、自身能力、关键要素资源的共同作用下，不断提升自身能力，实际上是自我赋能的过程；与此同时，平台中各类企业之间相互赋能，进一步推动了企业能力水平的提升。

业务增长是平台型业务的"初心"，即平台型业务整体水平的增长，包括用户增长、市场拓展、效益提升、生态形成等新兴业务发展的多重目标。业务增长是业务发展的必然选择和要求，也是业务发展的考核指标。在不同发展阶段，业务面临不同的增长目标，实现了业务发展的阶段性跃迁。

企业能力水平的持续性提升是任何企业可持续发展的根本，也是业务增长的重要驱动力；而业务增长的过程中，企业能力水平也在实践中不断磨炼提升。两者相辅相成，均是平台型业务开发的重要考量依据，共同解释了平台型业务的发展机理。

1. 平台型业务发展的赋能机理：能力跃迁路径

从平台型业务发展"三螺旋"模型框架可以看出，平台型业务发展的赋能机理就是在赋能企业的能力与资源及外部环境相互作用下，平台各企业能力跃迁的过程。

从平台核心企业来看，赋能的过程是平台核心企业将资源、知识或技能赋予其他企业，并获取回报的过程，这种回报还包括了有利于平台业务发展的能力提升。从平台参与者的角度来看，赋能的过程是平台参与者获取资源、习得知识并逐步形成能力的过程，这一过程受到平台企业的能力与资源，以及与外部环境之间相互作用的影响。

平台型业务发展的能力跃迁路径如图 3-6 所示，图中解释了平台型业务发展的赋能机理。企业能力是一个演化过程，受到环境驱动、资源重组的影响而进行演化跃迁，平台的双向动态赋能使这一过程进一步增强。

平台型业务发展的赋能机理包括两层意义，一方面是企业自身能力的提升，即企业能力的各自跃迁；另一方面是企业相互赋能推动企业能力共同提升，即企业能力间的动态赋能。

（1）能力跃迁路径。根据企业能力理论的解释，企业能力是对资源要素的组合配置而产生的，其也受外部环境（包括其他竞争合作者的动态行为）的影响。企业能力持续不断的提升形成了企业能力的跃迁路径，因此，也可以将企业能力不断提升的过程理解为企业自我赋能的过程，其是企业适应市场变化、不断形成竞争优势的基础和前提。

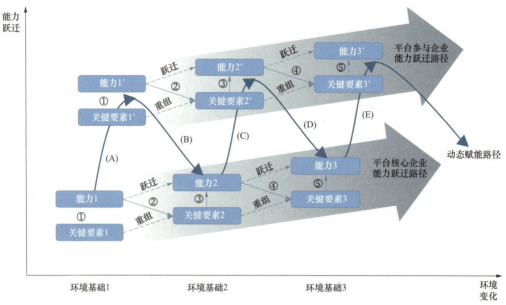

图 3-6　平台型业务发展的能力跃迁路径

　　能力跃迁路径的具体过程：首先，企业能力依托于企业的现有资源要素而形成，关键要素的协调、组合和应用形成了一定的企业能力水平；当外界环境发生变化时，将会刺激企业不断积累、获取或更新资源要素（这个过程的速度及效果取决于企业当前的能力），使企业依托现有能力进行资源要素的重组与协调应用，以适应环境变化；所形成的新的关键要素产生了更高水平的企业能力，使得企业能力再次发生跃迁与提升（理论上也存在下降的可能）。其后，当环境再次发生变化，企业又必须依托当前的能力水平去重新适应，而关键要素的有效组合应用将再一次提升企业能力水平。

　　（2）动态赋能路径。根据赋能理论的解释，一般来说，平台型业务中的赋能是平台核心企业向其他企业共享资源、知识或技能，从而使其提升相应能力的手段和过程。所提升的能力往往能够匹配平台核心企业的能力水平，适应平台业务的动态发展。与此同时，由于平台型业务的各个参与方常常存在资源禀赋与能力水平的巨大差异，因而平台其他参与方在获取能力、适应环境的过程中，也可能输出自身优势或反哺平台核心企业，以上这一过程也可理解为赋能，或也可称为反向赋能。平台企业之间的双向赋能，螺旋推动平台型业务发展、平台核心企业能力共同提升，形成了动态双向赋能路径。

　　动态赋能路径具体过程：平台核心企业构建平台型业务、吸纳平台成员之初，已具备了一定的能力水平，因平台与业务发展需要而主动向其他参与企业共享资源、知识或技能。平台其他参与企业被赋能后，随着自身能力跃迁，会将自身优势叠加实践经验反向赋能给平台核心企业；平台核心企业吸收各方经验、叠加自身能力跃迁，再次向平台其他参与企业赋能。其后，平台核心企业与其他参与企业循环整个过程，实现赋能手段的不断循环应用，形成了动态能力螺旋式提升的过程，即动态双向赋能路径。

2. 平台型业务发展的演化机理：业务增长路线

从平台型业务发展的"三螺旋"模型框架可以看出，平台型业务不断发展演化过程中，环境基础、赋能能力、关键要素等不断变化，平台型业务也实现了结构性增长或战略性增长，在不同阶段中的反映是业务发展方向与重点各不相同。由此，描绘业务增长路线至关重要。描绘业务增长路线是为了准确判别各业务发展程度，探寻发展方向。基于生命周期理论、业务成熟度判别方法等，本文认为，平台型业务的增长需要考察平台的资源管理、市场拓展、效益产出、生态构建四个方面的目标。

（1）平台资源管理维度。判别平台业务具备的各方面基础能力，是平台赖以生存和深化应用的前提条件，主要包括设备管理、应用管理、数据管理、接口管理等方面。

（2）平台市场拓展维度。判别平台业务在市场中的发展情况，反映其所处市场中的地位，主要包括商户规模、用户规模、覆盖领域、市场发展等方面。

（3）平台效益产出维度。判别平台业务的经营状况，是否高效地发挥价值，反映其持续发展能力，主要包括营业收入、业务利润和生态系统收入等。

（4）平台生态构建维度。判别围绕平台业务的生态体系是否建立、是否完善，反映其内外融通发展水平，主要包括治理规则、标准体系、生态系统估值等。

从以上维度进行指标设计与细分，构成了平台型业务增长关键指标体系。结合不同阶段进行"KPI分析"，即可描绘形成平台型业务增长路线。结合平台型业务的三个阶段，上述各维度在不同发展阶段应有侧重点和推进程度的差异，平台型业务增长路线的关键指标与阶段定位见表3-6。

表3-6　　　　　　　　平台型业务增长路线的关键指标与阶段定位

维度	指标	交换链接阶段	融合感知阶段	生态引领阶段
平台资源管理	设备管理	设备接入数量	设备感知精度	外部设备比例
	应用管理	基本业务应用	行业软件部署	完整应用市场
	数据管理	数据采集汇总	数据融合贯通	数据挖掘增值
	接口管理	基本互联接口	实现灵活接入	定制化接口
平台市场拓展	商户规模	注册商户数量	外部商户数量	活跃商户数量
	用户规模	注册用户数量	交互用户数量	活跃用户数量
	覆盖领域	上线产品数量	覆盖行业范围	有效产品数量
	市场发展	市场增长速度	细分市场份额	延伸市场份额

维度	指标	交换链接阶段	融合感知阶段	生态引领阶段
平台效益产出	营业收入	持续稳定收入	规模业务收入	支撑性收入
	业务利润	—	基本利润水平	持续规模利润
	生态系统收入	—	—	收入大幅带动
平台生态构建	治理规则	运行规则	规范治理	协同治理
	标准体系	—	基本标准体系	完善标准体系
	生态系统估值	—	—	高位生态估值

注　各维度每个指标从交换链接阶段到生态引领阶段的发展重点不同，需特别指出的是，"—"代表该项任务在该阶段不属于发展重点。

平台型业务在推进过程中，可对照表3-6分析各个阶段的KPI，从而判别平台型业务所处的阶段；同时，将各个阶段业务增长的关键指标进行串联分析，绘制业务增长路线，为业务增长提供重要的决策支持。

处于第一阶段（交换链接阶段）的平台型业务，其重点是要与C端（用户）和B端（商户）建立广泛的连接关系，扩大影响力，建立科学的运营机制，为融通发展奠定基础。如绿色智慧物流（详见案例分析），是智慧物流配送与电动汽车应用两大新兴业务领域的融合型业务，在初期阶段，需要重视物流配送、电动汽车充电、客户分布、地理信息等数据采集，接入充电桩等设备，有效发挥这些资源的管理能力，初步建立起稳定持续的业务收入，同时快速建立起一套业务运行规则。

处于第二阶段（融合感知阶段）的平台型业务，其重点是稳固已有用户群，对内提升平台体系，对外扩大行业赋能和生态规模，实现从"独角兽"向"行业巨头"的跃变。以互联网企业作为参考，需要进一步提升设备感知敏感度、设备接入灵活性，提升业务规模和利润水平，使其在市场中占据一定的份额，以此建立一定的行业规则话语权。

处于第三阶段（生态引领阶段）的平台型业务，其重点是扩大生态圈，将多个业务领域、多个领域平台参与者进行协同治理，必要时对多个级别的平台形成分类分层管控，形成行业的生态引领者。

四、案例分析：绿色智慧物流平台赋能行业发展

（一）绿色智慧物流平台赋能行业发展的整体框架

绿色智慧物流是以城市配送物流为切入点，以线上线下相结合的方式，构建"车-桩-货"智能匹配平台，并提供新能源物流车辆充电、撮合交易、运力共享、物流园区综合能源等服务的综合新业态，绿色智慧物流示意图如图3-7所示。绿色智慧物流业务即是将物流和电力两个看似平行无交互的传统行业，在能源互联网的催化下，实

现了跨界和融合，为城市物流配送行业生态赋能，解决新零售增长带来的物流井喷与城市交通压力和污染排放治理的矛盾。

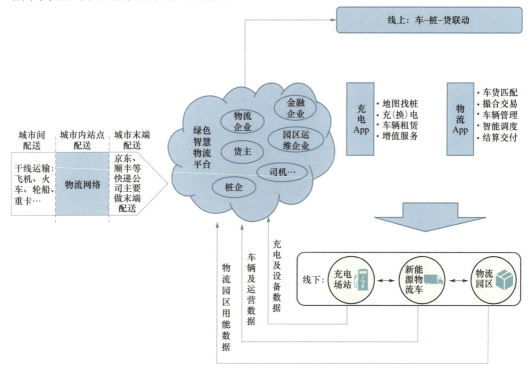

图 3-7　绿色智慧物流示意图

在业务发展初期，绿色智慧物流平台主要依托国家电网公司的场站资源与充电服务优势，提供充换电服务，以及场站休息区、地图找桩服务等其他增值服务，为新能源物流车提供充电服务支持。

其后，绿色智慧物流平台依托充电与物流两大业务，以平台优势分别构建"车-桩"与"车-货"。线上用 App 为业务提供数据与服务交易的线上空间，线下用场站资源为业务提供业务流动交换的场所空间。

随着客户和流量的增加，业务发展进入快速发展阶段，绿色智慧物流平台进一步发挥出平台价值，将充电与物流两大业务打通，线上整合两大 App，线下以新能源物流车为载体，实现两者的互联互通、相互引流、协调发展。

（二）绿色智慧物流平台发展机理分析

1. 绿色智慧物流赋能企业能力跃迁路径

基于本文提出的平台型业务能力跃迁路径，结合绿色智慧物流平台发展的脉络，按照平台发展的三个阶段，对绿色智慧物流赋能企业能力跃迁路径开展分析，绿色智慧物流平台能力跃迁路径及动态赋能物流企业发展路径如图 3-8 所示，其中前三个阶段是当前绿色智慧物流业务经历的发展阶段（第四个阶段在后文中阐述）。

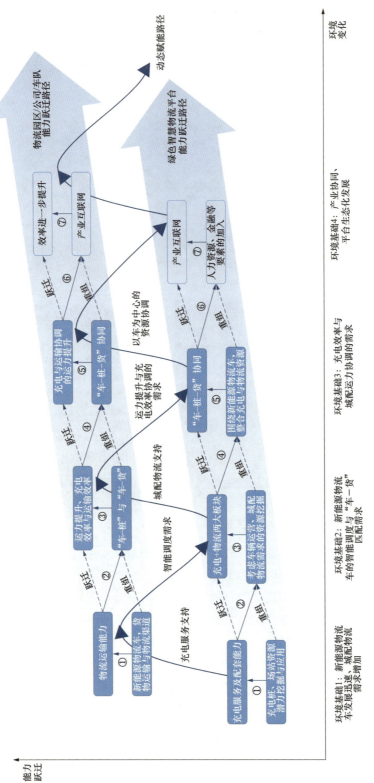

图 3-8　绿色智慧物流平台能力跃迁路径及动态赋能物流企业发展路径

①~⑦要素协调组合推动能力提升、环境改变促使资源重组的反复推进过程（参考图 3-6）。

（1）交换链接阶段。在业务发展初期，即交换链接阶段，绿色智慧物流业务的主要目标是实现平台内资源的交换链接功能。绿色智慧物流平台运营企业，以充电桩、场站资源为依托，以充电服务及相关的配套能力支撑物流方（物流企业或车队等）物流车队的运输能力。

（2）融合感知阶段。在新能源物流车运输过程中，不仅需要"车-桩"协调，还面临"车-货"匹配等智能调度需求，因此平台运营企业可以利用场站资源优势，同时打造充电与物流两大支撑板块，从而为物流方提供城配物流的运力支持，分别实现"车-桩"与"车-货"的智能匹配。上述过程初步实现了以新能源物流车这一核心业务载体与其他相关要素的关系，平台运营进入了融合感知阶段，即车与桩、货的融合感知。

（3）生态引领阶段。下一步，平台将进一步整合充电与物流两大板块的资源要素，更进一步协调充电效率与物流运力提升的需求，实现"车-桩-货"协调，真正实现以车为中心的资源协调模式，实现平台赋能新能源运输车充电效率与运力提升，赋能物流方掌握核心竞争优势。而平台方也掌握了资源聚集、核心引领、平台管控等能力，形成生态引领价值。

总的来看，平台运营方把握外部环境与行业发展形势，利用自身优势为平台参与方（物流企业/车队）提供基础服务，在此基础上进一步挖掘其发展诉求，寻求适合平台发展的共同利益方向，对内进行资源聚集与重组、能力提升与强化，对外进行赋能使得平台整体向市场期待的方向发展；其后进一步挖掘新的发展机会，在动态双向赋能中实现平台各方的能力增值与业务创新。

2. 绿色智慧物流平台的业务增长路线

基于对能力跃迁路径的分析，进一步可以分析并设计平台业务增长路线。由表3-6可知，各个阶段的平台业务增长指标有所不同，都是在平台资源管理、市场拓展、效益产出、生态构建四个方面下考察一定关键指标，以便明确各个阶段发展定位与目标。

对照绿色智慧物流平台的发展脉络与平台赋能情况，分析如下：

（1）交换链接阶段。需要重视平台资源管理与市场拓展两个方面，布局多个智慧物流场站，尽可能接入具备一定规模的新能源物流车辆、充电桩，利用充电服务优势，开发 App 形成集充电、感知、找桩等为一体的充电服务体系，并采集分析充电行为与运力数据，共享充电与物流运力的数据匹配分析结果，形成平台方与新能源物流车辆的交换链接功能。

（2）融合感知阶段。在提高设备接入数量的同时，需要提高设备的物联感知水平，提高设备接入的灵活性与可靠性，提升数据采集与分析能力；与此同时，需要加快部署物流、充电两大行业的软件服务，初步形成融合发展的新兴业务形态。此外，需要进一步拓展市场领域范围，如增加布局场站以拓宽充电与物流的服务范围，开发新技术以支撑日益增长的充电与物流运力需求，规范治理平台实现"车-桩"与"车-货"

的智能调度或匹配。

（3）生态引领阶段。设备接入应当转向更广泛的外部市场，开发适应市场需求的应用，关注大客户的长期合作、新兴市场的未来需求等；特别是通过巩固平台各方的联盟或契约关系，打通数据与资源共享的渠道，形成"车-桩"与"车-货"的深度融合，实现"车-桩-货"协同的平台生态。

（三）绿色智慧物流平台发展方向的探索设计

针对以上分析可以看出，绿色智慧物流业务整合充电服务与物流城配两大业务领域，利用平台整合车、桩、货三大要素资源，在平台各方不断动态双向赋能中实现资源重组、能力提升，促进业务增长。利用能力跃迁路径与业务增长路线两大分析工具，分析设计绿色智慧物流平台的未来发展方向。

如图3-8中第四阶段所示，根据能力跃迁路径分析，未来发展过程中，绿色智慧物流发展需要考虑产业协同与平台生态化发展趋势，进一步整合平台业务发展的各类资源，发挥产业链整合创新。一是可以考虑人（物流人员与充电服务人员等）的特点，将人与车、桩、货进行互动链接；二是考虑金融行业与物流行业的关系，如应用新能源汽车融资租赁等形式降低物流企业成本与现金流能力；三是将绿色智慧物流融入当地特色产业园区、城市交通等宏观布局中，扩大业务发展边界，形成产业平台向产业互联网转型发展。

在此基础上，分析业务增长路线。平台资源管理方面，聚集与开放更多更广泛维度的数据资料，深度分析绿色智慧物流行业以人为本、融合金融行业发展、融入城市与交通发展的可能性与潜力；平台市场拓展方面，增强平台感知能力、连接能力，接入更广泛的用户的同时，拓宽业务渠道与细分市场领域，支撑平台横向扩展需求；平台效益产出方面，需要关注成本的降低、规模化收入的提升等维度，重点关注长期回报率；平台生态构建方面，不断完善标准的同时，要与行业、国家甚至国际标准接轨，特别是设备感知、平台互联方面，向所需要的行业、用户进行深度的融合感知。

五、对能源互联网平台型业务发展的思考

从绿色智慧物流平台的案例分析可看出，平台发展经历交换链接、融合感知、生态引领三个阶段，能力提升与业务增长也遵循了一定的规律。未来，绿色智慧物流发展将进一步发挥人的作用价值，在金融、城市、交通等方面进一步融合发展。

绿色智慧物流的平台构建与赋能行业发展进程，为能源互联网新兴业务平台化发展提供了思路和方向。结合当前产业互联网的发展逻辑来看，平台型业务建立的核心是"赋能"，即实现平台各方的能力提升，培育形成全平台的核心竞争力，特别是通过搭建在线产业平台，拉通数据链条，提高产业内外资源配置效率。

因此，从赋能视角出发，本文认为能源互联网下平台型业务发展有两个方向性的思考。

（1）以赋能推动平台价值共创和动态演化。在交换链接阶段，平台通过人与物、人与人的连接能力、用户行为感知能力和信息交换能力完善平台，促进资源稳定调整；在融合感知阶段，平台通过人与物、人与人、人与信息的连接能力、动态资源分配能力和信息处理能力细分用户，促进资源丰富细化；在生态引领阶段，平台通过人与物、人与人、人与信息、信息与信息的连接能力、灵活分级服务能力和信息共享能力提供最优体验，促进资源开拓创新。

（2）精准寻找能源互联网平台型业务赋能行业发展的切入点。为实现更好的赋能效果，应从多个角度识别赋能机会。重点是在市场拓展方面，既要瞄准前景广阔的行业细分领域，挖掘增量市场空间，尽量不"侵蚀"已有存量市场，而是面向蓝海市场差异化发展，催生和加速增量市场蛋糕，避免同质化竞争；此外，在生态构建方面，围绕平台核心业务发展，以自身掌握的行业优势资源为切入点，以点带面推动相关延伸业务，带动相关利益方共同提升，形成良性发展循环，通过赋能为企业的重点业务推进、数据体系完善，推动企业整体生态圈的进化和提升。

MISSION
STRATEGY
CREATIVITY
METHOD
POTENTIAL
ACHIEVEMENT
GLOBAL
SOLUTION TARGET
CREDIT
PLANNING
CREATIVITY
CONCEPTS
FINANCE
GOAL
INNOVATION
PROFESSIONAL
EDUCATION
BUSINESS
VALUE
DEVELOPMENT
RESEARCH INSPIRATION
SUCCESS
BRAINSTROM JOB
PERFORMANCE
TEAMWORK
INVESTMENT
MANAGEMENT
SALES
GROWTH
PROFIT
MENTOR
ANALYSIS

商业设计

　　本篇章主要研究"新模式",构建能源互联网商业模式的理论框架,并提出商业模式设计方法论、价值创造与商业策略、迭代创新方法等三大商业设计工具,对应商业模式设计的三个不同阶段定位,即基础设计、分类施策、迭代创新。

　　文章一聚焦商业模式的理论体系与设计方法论,明确商业模式的理论体系、研究界面、概念内涵及应用层次的基础上,提出商业模式的设计方法论(MAPPER 商业模式引领者模型),以期为能源互联网商业模式设计提供一套基础方法论与流程工具。

　　文章二关注商业模式的分类施策,结合商业模式与价值创造的紧密关系,从能源互联网价值创造体系下挖掘不同类型价值、不同类型新兴业务、不同类型商业模式的对应关系与商业模式设计策略,提出分类施策的基本方法思路。

　　文章三提出商业模式的迭代创新方法,从商业模式动态优化的角度提出商业模式迭代的触发机制、动力因素与迭代过程,结合案例形成一套商业模式迭代方法论与设计工具,为商业模式静态设计与分类施策提供更进一步的动态管理手段。

能源互联网商业模式理论框架
与设计方法

随着能源互联网的建设与快速发展,其技术变革与创新所带来的影响将超出预期,其开放共享的特点及业务创新的目标也将为相关产业发展带来根本性的变革,使得相关业务的产品与服务在市场推广时面临新的商业模式设计要求。研究与实践表明,商业模式创新可以通过多种途径促进技术创新和进步。与此同时,能源互联网面向开放的市场和激烈的竞争,其商业模式设计是一个系统性的工作,还需要更具针对性的工具和更加系统性的指导,因此,亟须建立系统的方法论,为能源互联网建设提供一套现实可行的商业逻辑参考。

基于战略管理理论与商业模式创新相关理论,从商业模式概念及相关研究出发,结合能源互联网建设的特征与需求,构建能源互联网商业模式理论体系,确定研究边界与理论架构,从而研究形成能源互联网商业模式的设计架构,提出设计流程与相应的方法,以便更好地指导应用于能源互联网商业模式的设计应用与创新实践。

一、商业模式研究综述

(一)商业模式概念

商业模式(Business Model)存在于任何一个经济组织中,最早出现在 1957 年 Bellman 和 Clark 的《论多阶段、多局中人商业博弈的构建》中,20 世纪 90 年代末期逐渐成为一个独立的研究领域。目前学术界尚未形成对商业模式的统一定义,一般有 3 种视角对商业模式进行概念定义:一是经济视角,商业模式是企业获取利润的内在逻辑,表明企业目前利润获取方式、未来的长期获利规划及能够持续优于竞争对手和获得竞争优势的途径;二是运营视角,商业模式是指企业创造价值的流程和基本构造设计;三是战略视角,商业模式是指对不同的企业战略方向的总体考察,涉及市场主张、组织行为、增长机会、竞争优势和可持续性等方面。

尽管商业模式的定义及其要素复杂多变,但主要都围绕商业模式的 3 个基本构成要素展开,即价值主张、价值链、盈利模式,这些要素主要由企业战略、资源与能力决定。基于此,学者们从盈利模式、价值主张、运营方式等视角开展了商业模式的研究、设计和创新。商业模式设计与创新的根本目的是获得、保持甚至构建持续的竞争优势,并且商业模式创新是企业在价值链上实施差异化竞争战略的动态过程;同时,商业模式设计与创新是企业逐步深化对自身经营逻辑的理解,并不断调整完善、逐步递进的过程。

能源互联网尚属于较为新鲜的概念，与物联网产业、IT 产业发展最初阶段较为相似，还未形成形态稳定、盈利明确的商业模式，其发展的关键在于探索形成一个稳定的多方共赢的商业模式。参考物联网产业相关研究可以发现，物联网商业模式被描述成一个涉及各类商业活动主体、各种关系和完全流程的复杂的社会商业系统。有学者认为，物联网产业商业模式基本结构包括业务运营模式（定位、业务系统、盈利模式）、技术服务模式（关键资源能力）和资本投资模式（资金流）。也有学者基于物联网基本特点与商业模式研究方法，提出物联网商业模式可以基于价值网络视角、需求视角、产业链视角及企业类型视角等开展研究。

基于文献梳理及分析，本文认为：商业模式是企业根据自身特点，描述企业创造价值、传递价值和获取价值的商业逻辑，解释了从战略决策到战术执行的过程。商业模式及其设计与创新，是企业在响应自身战略、匹配资源能力的基础上，以解决市场需求、获取利润价值、实现可持续发展为目的，推动业务开展、项目实施的过程。企业战略决策到战术执行过程中商业模式的功能和价值如图 4-1 所示。

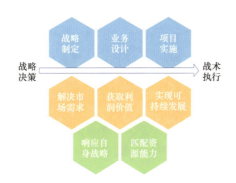

图 4-1　企业战略决策到战术执行过程中商业模式的功能和价值

（二）商业模式设计的主流理论方法

关于商业模式创新与设计的方法，国内外学者结合具体行业特点及典型案例，从商业模式内涵、资源要素、创新动力与驱动因素、过程与途径、收益与风险、参与者与相关者等角度开展了商业模式创新与设计的相关分析和研究，为企业开展商业模式创新实践提供参考，也为后续研究提供了依据。

价值视角认为，价值主张、价值链、盈利模式是商业模式的 3 大构成要素，形成了后来各种商业模式设计与创新方法的基础。当前较为流行与典型方法包括商业模式画布（Business Model Canvas），覆盖了 9 大要素，为商业模式设计提供了一个系统设计框架；北京大学魏炜与清华大学朱武祥，基于焦点企业与利益相关者的交易结构及其互动关系，针对焦点企业开展业务流程与盈利模式等商业模式关键要素的研究设计，并强调了商业模式在金融资本市场的作用；IBM 为自身量身定制了业务领先战略模型，关注企业中高层对商业模式的理解、应用，以及领导力开发等在商业模式中的设计应用。各主流理论及其适用性对比分析见表 4-1。

表 4-1 各主流理论及其适用性对比分析

理论方法	适用性	关键要素
价值三要素	基于价值视角的基础理论，无法完全展现和满足当前快速发展、形态丰富的商业模式需求	价值主张、价值链、盈利模式
魏朱模型	主要关注金融资本市场，适用于业务发展中后期	定位、业务系统、关键资源能力、盈利模式、自由现金流结构和企业价值
商业模式画布	偏重理念和概念设计，具有普适性特点，需修改设计以匹配适应具体行业	客户细分、价值主张、渠道通路、客户关系、收入来源、核心资源、关键业务、重要合作、成本结构
IBM 业务领先战略	偏重企业中高层领导者在战略高度上的战略设计与业务指导	市场分析、战略意图、创新焦点、业务涉及、关键任务、正式组织、人才、氛围与文化及领导力与价值观等
其他	一般依据行业特点与企业发展设计商业模式工具	—

　　对主流理论方法的梳理分析可以看出，各类研究方法和工具各有其适用特点与范围，但其共性特点在于，商业模式分析与设计都围绕市场或客户需求、关键资源与核心竞争力、产品服务设计、盈利模式等四个方面要素展开。其中，市场或客户需求是商业模式的起点和外在动力，反映了商业模式所指向的基本价值主张和以客户为中心的企业理念；关键资源与核心竞争力是企业商业模式运行的内在动力，是区别于竞争对手并得以持续发展的支撑力量；基于独具特点的产品服务设计，构建差异化的业务优势或创新的商业模式，为企业长期发展奠定基础；盈利模式是商业模式的核心重点，任何企业都需要寻求合理的盈利模式，确保获取利润、实现价值。这些要素基本勾勒了商业模式的原型，是任何商业模式分析和设计都不可或缺的方面，也构成了后续研究、设计的基础。

　　当针对具体行业开展商业模式分析与设计时，还需要考虑不同行业的特点与差异性，因而商业模式内涵和分析范式也将发生变化：一方面是对市场或客户需求、关键资源与核心竞争力、产品服务的设计、盈利模式等四项要素的细分内容和结构的差异性分析；另一方面是在四项要素的基础上扩展和增加新的分析维度。

二、能源互联网商业模式理论体系

　　能源互联网商业模式的设计创新不仅是一个系统性工程，还需要考虑政策、技术、市场的多维度动态变化及其对不同相关参与者的作用和影响。

　　企业作为能源互联网建设的载体，其战略将影响自身能源互联网相关领域的布局方向、应用手段及商业策略，企业又往往依托整体建设与战略规划，采取多个业务并行开拓、协同发展的策略推进战略。同一业务对于企业来说又会在不同地理位置、不同市场采取不同的商业策略，增加了商业模式创新的复杂性，因而需要对商业模式的研究界面进行梳理，形成完整的理论架构。

（一）能源互联网商业模式的研究界面

商业模式的概念常与战略、战术等概念混淆。战略管理流派认为，战略决定了企业的整体发展方向和顶层设计，战术是具体的执行层面，而商业模式解释了战略决策到战术执行这一过程，是战略的具体化、战术的依据。对于能源互联网建设来说，企业战略的顶层设计，决定了企业在能源互联网建设中整体采取的商业模式方法策略，战术执行则决定了企业在不同业务层面的操作与执行。

结合战略与战术的关系、项目应用在整体能源互联网体系架构中的特点，从宏观、中观、微观的研究视角进行剖析可以发现，能源互联网商业模式呈现公司层、业务层、项目层 3 个层次的逻辑关系。

（1）宏观视角：公司层商业模式。公司层的商业模式主要是宏观表征企业整体发展战略，明确业务格局。如阿里巴巴的整体商业模式是电子商务；国家电网公司的整体商业模式是在以传统供电服务为核心的业务体系基础上，大力拓展能源互联网新兴业务。

（2）中观视角：业务层商业模式。业务层的商业模式主要是中观描述企业商业策略，指导业务拓展与生态构建。如抖音 App 的商业模式是视频资源生产与分发，淘宝的商业模式是 C2C 交易平台，就国家电网公司而言，主要是开展智慧综合能源服务、多站融合发展、数据增值变现等新兴业务。

（3）微观视角：项目层商业模式。项目层的商业模式主要是微观表现项目商业运行，实现不同市场环境下的项目运营。如不同的中国移动省公司根据市场特性不同，提供具有差别的套餐服务；国家电网公司等能源电力企业建设特定园区的综合能源工程，提供具有差别的综合能源服务。

基于公司层、业务层、项目层的商业模式研究逻辑可以发现，公司层商业模式是建设能源互联网的关键与基础，需要率先明确和形成；业务层和项目层商业模式是突破的重点，将决定能源互联网建设运营成败。其中，业务层商业模式是项目层商业模式的基础，是能源互联网建设攻坚期的关键所在。

（二）能源互联网商业模式的整体理论架构

根据对战略、战术与商业模式概念的区别与理解，对商业模式的研究界面有了清晰的界定，明确了商业模式在不同圈层范围内所关注的侧重方向。基于此，还需要进一步界定每个界面的理论架构，明确 3 个层次研究界面各自的研究方法与理论逻辑。

公司层商业模式指向战略层界面，关注企业整体的发展方向和态势。依据战略管理理论与相关方法，从战略视角研究企业战略与商业模式的相互关系，可以结合战略三角理论与技术创新视角研究新兴产业的商业模式创新问题。其中，制度条件、产业竞争、资源能力与技术驱动要素共同成为推动商业模式创新的驱动力，也成为企业战略制定的关键要素。

业务层商业模式是围绕具体业务的战术执行层,关注业务发展及其产业链或产业生态的构建。多数学者会从产业链、价值链等视角研究和设计某一业务的商业模式,包括上文提到的魏朱模型、商业模式画布等均属于此类。

项目层商业模式是在业务层的基础上,关注区域范围、资源禀赋等的差异,针对具体单个项目开展的商业模式设计,会重点关注产品服务设计、盈利模式、财务测算评价和风险评估等。这一层级商业模式的设计会涉及更加具体、细化的各类研究工具和方法。

因此,公司层、业务层、项目层不仅界定了商业模式的3个界面(公司-业务-项目)及其关注重点,也区分了3个界面不同理论与设计侧重点,形成了能源互联网商业模式整体理论架构,能源互联网商业模式的整体理论架构如图4-2所示。其中,公司层商业模式是先决条件,在此基础上,业务层与项目层商业模式的具体设计才得以开展;业务层与项目层商业模式设计研究是能源互联网商业模式设计架构的主要对象。

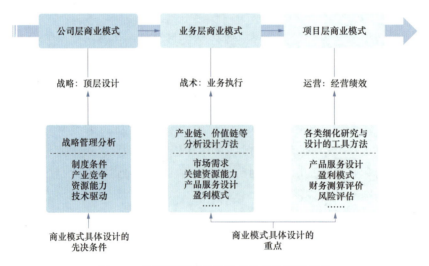

图4-2　能源互联网商业模式的整体理论架构

三、能源互联网商业模式设计架构

(一)设计框架:MAPPER商业模式引领者模型

根据能源互联网建设的业务特点,充分考虑各类商业模式理论与工具模型,本文提出包含6大要素的分析框架,作为能源互联网商业模式分析与设计的基础,即市场需求(market requirements)、核心能力(core abilities)、产品服务(product &service)、盈利模式(profit model)、生态策略(ecological strategy)、风险保障(risk & insurance)。其中,生态策略、风险保障是额外增加的两个要素,主要体现能源互联网建设过程中,企业对外的生态属性和网络属性,以及企业对内的组织支撑与保障机制。

市场需求、核心能力、产品服务、盈利模式4个要素是所有商业模式必须具备的要素，确保商业模式分析设计的系统性、完整性；生态策略作为商业模式的一个关键要素，体现能源互联网建设的网络属性与生态属性，以明确各类业务在企业生态圈中的发展定位与特点；风险保障是为确保能源互联网商业模式顺利开展，而对企业内外部风险防控和组织保障等方面的设计与考虑。

根据6个要素，建立能源互联网商业模式设计的主要框架模型——MAPPER商业模式引领者模型（取六大要素的主要英文单词首字母，组成MAPPER一词，该词有绘图仪、制图人的意思），该模型作为能源互联网商业模式在业务层与项目层研究、分析、设计与创新的基础框架，并与公司层商业模式紧密相关，成为能源互联网商业模式的理论体系的重要部分。

（二）MAPPER商业模式引领者模型的主要逻辑

MAPPER商业模式引领者模型给出了整体的商业模式分析和设计框架。这一框架以6大要素为基础，且这6大要素各有特点，并对商业模式产生影响。将6大要素分为3个部分，构成商业模式分析与设计的"三个环节"。其中，环节一是基础：以市场需求、核心能力明确商业模式的外部动力与内部动力；环节二是核心：以内外部动力分析为基础，从功能形态、定价策略和营销渠道等方面对产品服务进行针对性的关键设计，从而确定相应的盈利模式；环节三是支撑：以生态策略反映企业的网络属性与生态属性、明确业务发展的定位与生态价值，并依托风险保障为商业模式提供组织支持。此外，考虑到商业模式的设计是一个需要不断迭代完善的循环过程，建立"一个循环"。因此，得到MAPPER商业模式引领者模型的主要逻辑，即"三个环节、一个循环"，MAPPER商业模式引领者模型的主要逻辑如图4-3所示。

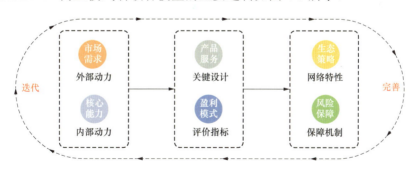

图4-3 MAPPER商业模式引领者模型的主要逻辑

（三）能源互联网商业模式的设计原理

1. 整体设计层次

MAPPER商业模式引领者模型给出了商业模式的6大基本要素，在具体商业模式设计过程中，需要将其进一步分解成多个维度的变量，针对这些变量进行一定的分析，得出相应的结果形成商业模式设计的支撑。将商业模式设计步骤分解形成覆盖要素层、分析层、结果层、方案层 4 个层次。其中：①要素层明确商业模式的 6 大要素；②分析层拆解要素，细化分析的维度内容；③结果层应用一定的方法工具，输出结果；④方案层汇总结果输出，形成商业模式设计策划书或工作方案。

基于 MAPPER 的能源互联网商业模式设计步骤如图 4-4 所示，图中将 6 大要素逐一分解，针对性地开展相应的内容分析，并应用相关工具方法输出相应的结果，最终形成方案。

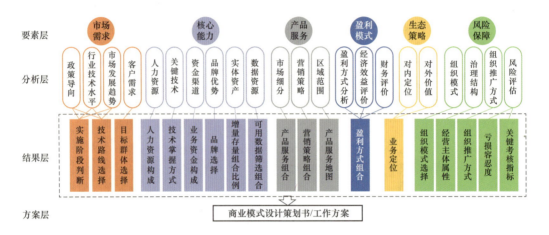

图 4-4　基于 MAPPER 的能源互联网商业模式设计步骤

2. 设计流程

（1）市场需求。MAPPER 商业模式引领者模型的市场需求针对政策导向、行业技术水平、市场发展趋势、客户需求 4 个方面进行分析。

政策导向分析主要是分析政策支持程度、行业准入门槛、国资国企改革与电力体制监管；行业技术水平分析是对行业主流技术、技术近期发展速度、专利保护和技术壁垒等方面进行分析；市场发展趋势分析是分析市场格局（竞争者、集中度）、当前市场空间和未来市场潜力。这三个方面，可以通过聚焦近期政策，分析研判政策趋势，判断业务是否受到监管限制，采用市场集中度指标设定阈值判定市场类别，用生命周期理论、时间序列测算行业技术发展、市场空间与潜力，从而得到要分析项目的实施阶段的判断、技术路线的选择。

客户需求分析是对客户群体（普遍/特定）、客户接受度、客户需求进行分析。一般可以通过市场调研的方式获取信息，并结合用户行为分析等方法，筛选关键的指标特征，获取目标群体的数量和需求偏好，最终输出一个明确的目标群体选择。

市场需求分析与设计流程如图 4-5 所示，一方面，从政策导向、行业技术水平、市场发展趋势等模块出发，通过政策分析、技术图谱与技术成熟度分析、市场集中度判断等方法，形成结果 1 "实施阶段判断"、结果 2 "技术路线选择"；另一方面，基于市场调研与用户行为分析将客户需求转化为明确的客户特点、群体数量和需求偏好，并结合实施阶段判断和技术路线选择，从而形成结果 3 "目标群体选择"。将 3 个输出结果汇总，即形成了市场需求设计模块的整体方案。

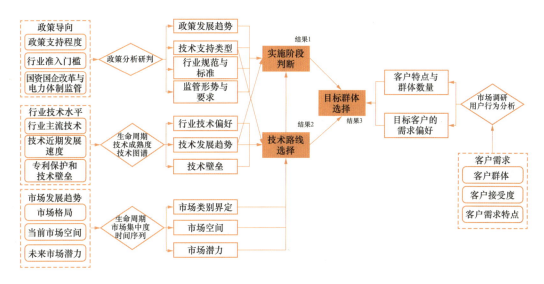

图 4-5　市场需求分析与设计流程

（2）核心能力。核心能力分析主要针对人力资源、关键技术、资金渠道、品牌优势、实体资产、数据资源六个方面进行分析。

人力资源分析业务开展的人力资源需求、业务发展与人力资源，根据业务灵活性和人力支出成本判断人力资源构成。

关键技术分析企业掌握的自有技术和产品储备，以及技术与行业水平差距，采用产品技术生命周期、技术成熟度、专利图谱等判断支撑业务运营的核心技术，判断企业掌握水平与行业水平的年限差距，最终得出技术掌握方式。

资金渠道分析业务资金投入需求、企业资金充裕度、外部资本情况，估算业务资金投入，判断自有资金充裕度；基于风险的资金组合比例判断，分析资本市场积极性，最终得出业务资金构成。

品牌优势分析企业品牌在业务相关领域的影响力、认可度，判断品牌是否能覆盖业务范围、判断品牌风险对企业可能造成的负面影响，最终完成品牌选择。

实体资产分析已有基础设施、新建基础设施。对新建基础设施，通过同业对比计算成本；对已有基础设施，确定已有资源可用度，计算改造成本，最终得出增量存量组合比例。

数据资源分析其种类、规模等，通过数据准确率、时间连续尺度、数据关联程度等指标，分析企业掌握的数据可用性、可靠性、完整性，以及与业务的关联程度，判断数据业务化价值，最终得出可用数据筛选组合。

核心能力分析与设计流程如图 4-6 所示，针对以上几个子模块，采用各类资源与能力的评估分析方法，分别开展人员、资金、技术、品牌、资产、数据等的分析与估算，形成对应的结果。其中，人力资源部分与"风险保障"中的组织模式选择有所关联，关键技术部分与"市场需求"中的行业技术水平紧密相关，这些都是需要跨模块统筹考虑的。

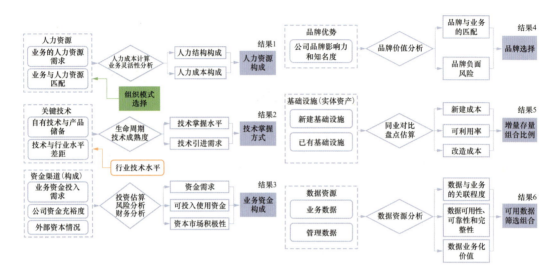

图 4-6　核心能力分析与设计流程

（3）产品服务。产品服务设计主要针对市场细分、营销策略、区域范围 3 个方面进行分析。

市场细分部分主要分析产品服务定位，分析产品服务的市场份额与增速变化，分析不同定位下的产品服务收益，利用波士顿矩阵判断产品服务四象限定位、转化趋势、可持续发展能力。最后得出产品服务组合（规格和定价组合）。

营销策略部分主要分析企业已有的营销渠道、可用的外部营销渠道，对比各营销渠道的成本、风险，以及对产品服务的信息反馈，最终实现营销策略组合（分销与直销、代理与加盟、线上线下）等。

区域范围部分主要分析区域市场特点、区域竞争情况与推广潜力。通过市场调研、资源禀赋分析等途径，明确区域市场特征与偏好，同类型产品/服务在各区域的普及程度、应用情况，最终得出产品服务地图（分阶段、分区域的覆盖范围）。

产品服务分析与设计流程如图 4-7 所示，由图 4-7 可以看出产品服务设计是从市场细分模块出发，在业务定位和市场发展趋势这两个模块之外的要素分析基础上，针对产品服务定位和市场份额与增速变化情况，采用预期收益分析、波士顿矩阵分析等方法，确定产品服务的定位与发展趋势，形成结果 1 "产品服务组合"；同时，以产品服务的定位与发展趋势为基础，可以开展营销策略与区域范围的分析和设计，分别通过对比分析、市场调研等手段，分别形成结果 2 "营销策略组合"、结果 3 "产品服务地图"。将 3 个输出结果汇总，即形成了产品服务设计模块的整体方案。

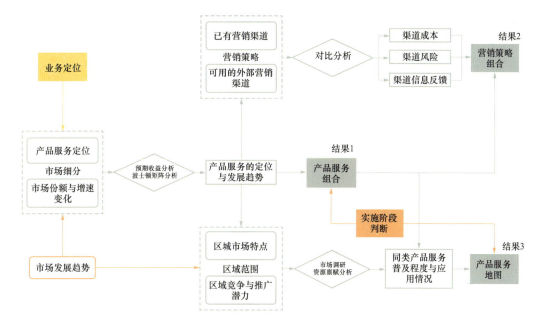

图 4-7　产品服务分析与设计流程

此外，从图 4-7 中可以看到，业务定位、实施阶段判断等来自其他要素的分析内容，其与产品服务模块的交叉分析，表明了商业模式设计各个要素并不是割裂的，而是协同开展分析与设计。

（4）盈利模式。盈利模式分析主要分为盈利方式分析、经济效益评价、财务评价 3 个方面。

盈利方式分析主要分析同业已有盈利途径、可能盈利途径，根据业务特点、预期业务量等，估算各类盈利途径的成本构成与收入来源；经济效益评价主要针对企业自身、产业链上下游、产业生态相关方的经济效益增值进行分析，根据全生命周期分析投入产出，估算企业自身与各利益相关方预期回报；财务评价分析是否具有持续财务生存能力，使用内部收益率、资本保值增值率、总资产增长率、现金流充裕度等进行财务指标的评价。

这三方面内容最终得出"盈利方式组合"的结果，包括佣金、租金、服务费、咨询费、补贴、资产运作收益、金融运作等多种形式组合，盈利模式分析与设计流程如图 4-8 所示。

此外，值得注意的是，盈利模式分析设计过程中，还需要考虑"生态策略"部分中的业务定位分析，对业务的增值情况有所预判，并要将"风险保障"部分的亏损容忍度、关键考核指标等重要因素融入财务指标的选择中。

（5）生态策略。生态策略分析主要分为对内定位和对外价值两部分。

对内定位主要分析业务在企业业务体系中的定位，以及与其他业务的关联程度，采用关联分析、价值链分析等，通过业务交互、收支来源分析等，明确业务对企业战略及整体业务发展的支撑作用和关联程度，判断是否为关键性业务/核心业务/边缘业务等；对外价值主要分析业务在相关产业生态中的定位，以及与同类业务、关联产业的竞争合作情况，采用产业图谱分析、产业生命周期、标杆分析等，判断业务的生态价值。

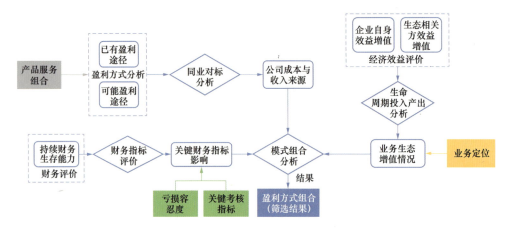

图 4-8　盈利模式分析与设计流程

生态策略分析设计的流程如图 4-9 所示，分别从对内定位和对外价值两个角度对业务定位开展研究分析，利用产业链、价值链等分析方法，将业务在企业战略中的定位关系、在行业中的地位等进行研究，输出业务的对内定位和对外价值（结果 1、结果 2），最终形成业务定位（结果 3），如竞争性/支撑性、长期类/短期类、盈利/非盈利、渠道类/入口类/平台类等多种维度的判断。

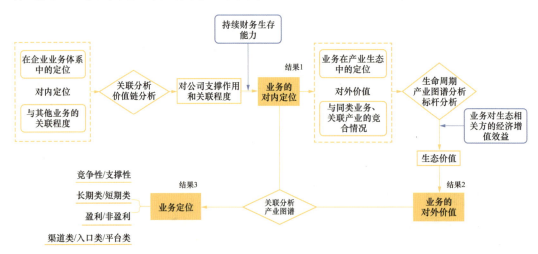

图 4-9　生态策略分析与设计流程

（6）风险保障。风险保障分析主要分为组织模式、治理结构、组织推广方式、风险评估 4 部分。

组织模式分析当前组织架构与业务匹配度，参照已有业务的组织架构设计、企业自身特点，判断传统组织架构对新兴业务的接纳承载能力，确定组织变革方式，最终实现组织模式选择（事业部/柔性组织/流程再造/存量机构赋能等）。

治理结构分析政策与监管对业务资本结构的要求，分析业务经营主体的特点，分析存量经营主体改制的可行性和必要性，分析各类型增量经营主体的性质和适用范围，最终得出经营主体属性（独资/合资/股份制等）。

组织推广方式分析业务发展适应程度、企业资源特性等，根据市场成熟度、业务生命周期、业务竞争力等确定组织推广方式，最终得出组织推广方式（试点先行/分步推广/统一建设/内部广泛竞争）。

风险评估合理确定业务的风险识别与评估指标，评估投入规模和回报周期的影响，根据业务特性、长期发展定位等合理确定业务的评估指标；分析预判风险发生的概率及风险发生时的损失，判断亏损的程度、时长。最终得出亏损容忍度（程度、时长）与关键考核指标（电网安全、数据安全、净利润等）。

风险保障的分析设计流程如图 4-10 所示。一方面，通过治理结构分析，从存量和增量业务的经营主体情况分析的角度明确经营主体属性（结果 1）；另一方面，结合业务定位情况，从当前组织架构与业务匹配度的角度分析确定组织模式选择（结果 2）；在此基础上，结合其他模块中的实施阶段判断、核心能力等，通过分析公司资源特性、业务发展适应程度等方面特点，提出组织推广方式（结果 3）；此外，针对业务进行风险识别和投资回报周期分析，综合判断风险发生的概率、风险发生时的损失（预期）、业务特性及长期发展定位，最终形成亏损容忍度与关键考核指标（结果 4、结果 5）。

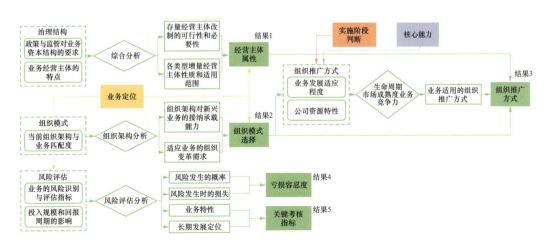

图 4-10　风险保障分析与设计流程

四、商业模式设计的思考

本文构建的能源互联网商业模式的理论体系与设计架构，能够很有效地指导相应的理论研究与分析工作，并能应用于具体的业务拓展与实践操作工作。基于此，本文提出以下4条建议。

（1）商业模式设计需要以翔实、准确的市场调研为基础。MAPPER商业模式引领者模型的使用需要众多的市场边界条件，不同地区市场环境差异较大，需要充分的市场调研，以确保模型的准确输入。

（2）商业模式设计要充分考虑特定业务的多元性和差异性。由于MAPPER商业模式引领者模型中部分参数客观存在天然不确定性，使得商业模式设计的输出可能存在多个方案。建议通过实践的验证评估，纳入商业模式库。

（3）从商业模式设计阶段就引入生态相关方。根据不同类型业务的特点，基于上述方法的要素和步骤，有需要的环节，如产品服务和生态策略环节，邀请生态相关方共同参与讨论设计，确保商业模式的有效性和可操作性。

（4）探索适应企业自身特色的商业模式孵化规律。充分考虑商业模式的动态性演变特点，梳理各类商业模式迭代发展历程，结合企业自身优势特点和限制条件，探索一条独具特色的孵化路径及机制。

能源互联网价值创造体系下的
商业模式策略

　　能源互联网代表了未来能源系统的发展方向和目标形态，也是电网转型发展的高级形态。能源互联网的不断创新发展不仅深刻改变了能源电力的生产和利用，也改造和颠覆着制造业及众多传统产业，形成了众多全新的技术应用与业态创新模式，为经济社会发展创造了众多新价值。在能源与数字经济深度融合的趋势下，能源互联网的价值不断被挖掘与创新，传统能源电力的价值创造理念与方式得以重塑。与此同时，价值创造更多考虑市场行为与用户需求，因而商业模式创新成为最重要的价值创造与实现手段。在价值创造逻辑下，明确的价值取向、特定的价值场景与业务活动，均需要差异化、针对性的组合应用商业模式策略。

　　创新学家熊彼特提出创新是各种生产要素的重新组合，企业要想长期保持竞争优势，必须依靠不断地创新，包括技术创新、组织创新、文化创新、商业模式创新等。其中，技术创新是人类财富之源，是经济发展的巨大动力，一个企业竞争力的强弱很大程度上取决于其技术创新能力的强弱；但是，企业要想实现变革性的增长，依靠的往往不是产品或技术创新，而是商业模式创新，沃尔玛、亚马逊等企业的成功都来自商业模式的创新。

　　关于商业模式的理论研究，最普遍的研究视角就是关于价值创造的概念与内涵。从价值理论视角来看，商业模式就是企业根据自身特点，描述企业如何创造价值、传递价值和获取价值的商业逻辑。

　　因此，价值创造视角下的商业模式，是以价值的创造、传递为主要逻辑形成的业务发展思路与商业策略。

一、价值创造体系下的新兴业务商业模式

（一）能源互联网价值创造体系规划架构

　　一般认为，能源互联网体系包含能源网架体系、信息支撑体系、价值创造体系三个部分。其中，价值创造体系是能源互联网的价值实现载体，承载业务流，是在深度融合能源网架体系和信息支撑体系的基础上，开展的各类业务活动和价值创造行为。通过能源互联网建设，主动服务政府、行业、公众，落实中央部署，贯彻国家战略，推动能源行业高质量发展、满足人民美好生活用能需求，为经济社会发展创造更大价值，全面实现政治担当、社会责任、经济价值的"三位一体"。

　　能源互联网的价值创造是以各类业务为载体，在传统业务的基础上，不断拓展新

兴业务，并围绕新兴业务创新商业模式，实现面向经济社会高质量发展（2G）、人民对美好生活向往（2C）、能源行业和企业转型发展（2B）等方面的价值共享。价值创造体系重点按照"333"思路实施，即深化 3 类传统价值、拓展 3 类新兴价值、创新 3 类商业模式。能源互联网价值创造体系规划架构如图 4-11 所示。

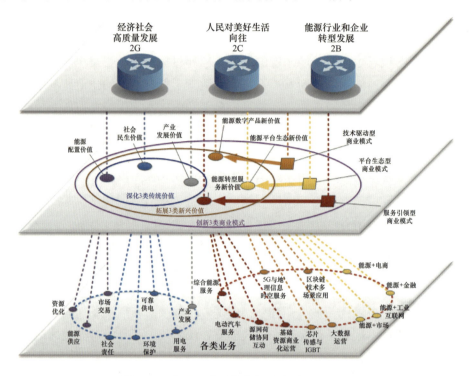

图 4-11 能源互联网价值创造体系规划架构

（二）价值创造体系下的新兴业务商业模式

价值创造是商业模式的主要逻辑，不同的价值创造目的将会创新形成不同的商业模式。因此，本文从能源互联网价值创造体系出发，明确新兴业务在价值创造逻辑下的商业模式类型，结合已有的 MAPPER 商业模式引领者模型，形成差异化的商业模式设计方法。

1. 能源互联网价值创造体系与商业模式的关系

如前所述，根据能源互联网价值创造体系与新兴价值的对应关系，进一步对应形成了 3 类新兴业务、3 类商业模式（见图 4-12）。3 类新兴价值分别是能源转型服务新价值、能源数字产品新价值、能源平台生态新价值，对应于能源转型服务类、能源数字产品类、能源平台生态类 3 类新业务，需要采用对应的商业模式，加快相关新兴业务的落地实施。

2. 3 类新兴业务

根据能源互联网价值创造逻辑，对应的新兴业务大致可分为能源转型服务类业务、能源数字产品类业务、能源平台生态类业务 3 类。

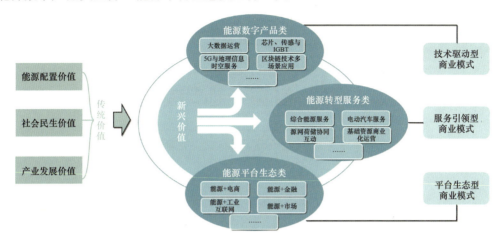

图 4-12   价值创造体系下 3 类新兴业务与 3 类商业模式对应关系

（1）能源转型服务类业务。是基于传统服务延伸出来的各类新兴服务。对应于能源转型服务新价值，旨在适应能源革命和"新基建"要求，打造能源领域新型融合基础设施，提升能源供给和互动能力，厚植产业发展新优势，促进能源消费和供给革命。

重点业务包括综合能源服务、电动汽车服务、源网荷储协同互动、基础资源商业化运营等。

（2）能源数字产品类业务。是顺应数字化发展大趋势，挖掘能源电力企业数字价值，提供数据增值服务及相关产品的新兴业务。主要对应能源数字产品新价值，体现在主动适应能源和数字融合技术发展趋势，突破关键核心技术，提升自主可控能力，强化推广应用，推动构建能源数字融合的产业链、价值链、生态链，促进能源技术革命。

重点业务包括大数据运营，芯片、传感与 IGBT，5G 与地理信息时空服务，区块链技术多场景应用等。

（3）能源平台生态类业务。是发挥能源电力企业在产业中的引领地位，培育形成汇聚多方资源的平台生态，共同打造优势互补、互利共赢的新生态。对应于能源平台生态新价值，主要依托能源互联网特性和网络资源优势，通过跨界融合打造"能源+"服务，促进能源体制革命。

重点业务包括能源+电商、能源+金融、能源+工业互联网、能源+市场等。

3．3 类商业模式

对应于能源转型服务新价值、能源数字产品新价值、能源平台生态新价值 3 类新兴价值的不同实现特点，需要采用对应的商业模式，加快相关新兴业务的落地实施，这 3 类新商业模式分别为服务引领型商业模式、技术驱动型商业模式和平台生态型商业模式。新兴价值商业模式分类示意图如图 4-13 所示。

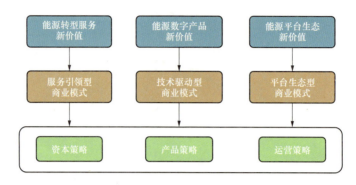

图 4-13　新兴价值商业模式分类示意图

（1）服务引领型商业模式。从服务用户需求出发，以推动传统业务转型升级和建设新型数字基础设施为着力点，强化业务资源创新赋能，提升能源系统效率，实现两个提升（一是提升企业资产利用效率和营业收入，二是提升电网等基础设施资源在全社会范围内的合理配置与高效利用，降低社会公共成本）。

针对存量业务，充分利用"大云物移智链"等先进技术，提升业务服务能力，聚集海量客户资源，发挥市场带动作用，提升品牌竞争力；针对增量业务，考虑与其他类型业务的融合创新，形成合力，形成品牌生态。

（2）技术驱动型商业模式。以大数据、人工智能、芯片等最新技术的开发和应用为基础，驱动能源大数据和芯片等产品的不断完善，形成市场竞争力、自主研发能力及对外运营能力。打造能源互联网特色的"数据+技术+平台"的业务模式，形成产品研发、交易、合作的成熟运营模式，支撑政府决策科学化、社会治理精准化、公共服务高效化，赋能实体经济推动产业转型。

（3）平台生态型商业模式。以发挥海量用户资源的天然优势为基础，以培育形成汇聚多方资源的平台生态为导向，采用"入口+平台+流量"的生态培育策略，丰富用户汇聚与流量变现手段，提升客户数量、黏性与活跃度，吸引外部市场主体、社会资本、优质资源等参与平台价值创造，共同打造优势互补、互利共赢的新生态。

二、商业模式设计：三大策略

（一）设计基础：MAPPER 商业模式引领者模型

MAPPER 商业模式引领者模型（详见本书前文"能源互联网商业模式理论框架与设计方法"），是目前国内首创、业界领先的能源互联网商业模式设计工具与方法论，对能源互联网新兴业务具有很强的适应性。MAPPER 商业模式引领者模型的基本原理包括三个方面，即关键要素分析→设计模型构建→设计方法与步骤。MAPPER 商业模式引领者模型如图 4-14 所示。

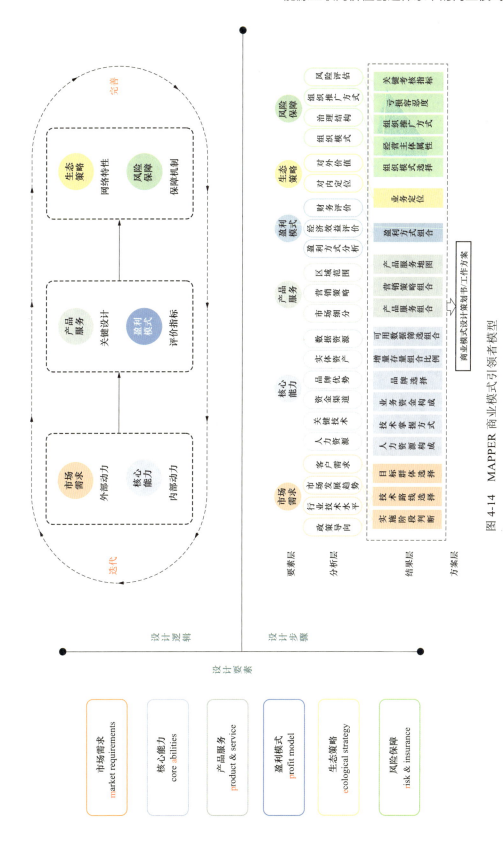

图 4-14 MAPPER 商业模式引领者模型

市场需求
market requirements

核心能力
core abilities

产品服务
product & service

盈利模式
profit model

生态策略
ecological strategy

风险保障
risk & insurance

（1）关键要素分析。梳理不同商业模式常用理论方法工具，进行主流理论及其适用性的对比分析。

（2）设计模型构建。确定了"六大要素、三个环节、一个循环"的设计方法论。其中，以市场需求、核心能力为基础，以产品服务、盈利模式为核心，以生态策略、风险保障为支撑，三个环节构成不断迭代完善的循环。

（3）设计方法与步骤。基于 MAPPER 商业模式引领者模型的六大要素，分解形成覆盖要素层、分析层、结果层、方案层的商业模式设计步骤。要素层对应六大要素，分析层是对要素层的展开细化，结果层是使用特定的理论方法和判断依据对分析层的各项内容的分析结果，方案层是将输出的结果汇总加工，形成的商业模式设计策划书/工作方案。

（二）基于 MAPPER 商业模式引领者模型的商业模式简化设计分析方法

基于 MAPPER 商业模式引领者模型进行关键要素选取与设计简化，形成商业模式设计的三大策略，即产品策略、资本策略和运营策略。商业模式三大策略与 MAPPER 商业模式引领者模型的对应关系如图 4-15 所示。

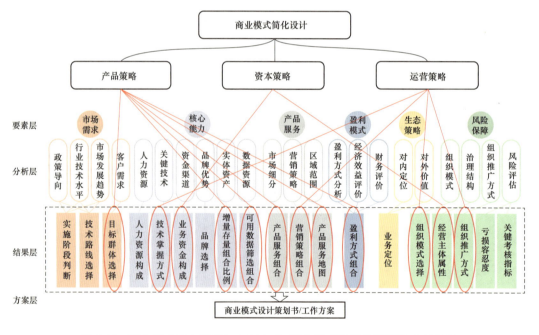

图 4-15　商业模式三大策略与 MAPPER 商业模式引领者模型的对应关系

（1）产品策略。描述针对何种目标群体，提供什么样的产品服务的类型、范围及盈利方式。产品策略对应 MAPPER 商业模式引领者模型中的目标群体选择、增量存量组合比例、可用数据筛选组合、产品服务组合、产品服务地图、盈利方式组合等方面。

（2）资本策略。描述资金投入与获取方式、业务的经营主体属性等。资本策略对应 MAPPER 商业模式引领者模型中的业务资金构成、经营主体属性等方面。

（3）运营策略。描述业务开展的组织方式、营销手段、推广方式，以及相关技术的掌握方式和应用情况。运营策略对应 MAPPER 商业模式引领者模型中的技术掌握方式、营销策略组合、组织模式选择、组织推广方式等方面。

三、3 类业务的商业模式分析设计与典型案例

（一）服务引领型商业模式

1. 商业模式策略

服务引领型商业模式对应于能源转型服务类业务。该类业务是能源互联网新兴产业中的重点业务，也是实现利润增长的主要业务。整体采取快速布局、市场细分、资源资产效用最大化的策略，实现市场份额持续增长、盈利水平持续提升。

该类业务具有行业发展较为成熟、市场竞争较为充分、时间窗口有限等特点，需采取时序、资源、资金优先与政策倾斜的方式，加快布局打入市场，尽快通过扩大业务规模、积累用户数量，以实现营收与利润增长。同时，需对企业资源与用户分别进行分层匹配，特别是战略性资源，要在充分考虑长期收益的基础上确定其市场定位与盈利模式，避免资源在低端市场与低回报场景的浪费。

（1）产品策略。主要是聚焦各种类型用户的需求，围绕服务质量提升，设计和打造多种差异化、定制化的产品服务。如电动汽车服务，则是面向公交、环卫、中重型短途货运、出租车、网约车、城市轻型物流等细分市场，提供针对性的解决方案。

（2）资本策略。开展混合所有制、引入社会资本等多种资本运作模式，灵活利用资本，降低融资成本。如车联网平台，要全面对接社会运营商平台，推进社区有序充电桩建设。

（3）运营策略。在服务模式、技术标准、品牌形象等方面形成统一的标准，增强用户黏性。如多站融合，可建立面向全国的边缘计算服务联网运营平台和统一运维平台，形成强大算力。

2. 典型案例：综合能源服务

以电网企业为例，选取综合能源服务为典型业务，对其商业模式进行分析。

（1）策略分析。在资本策略方面，可根据项目需要成立混合所有制公司，同时构建产业联盟，全面对接社会运营商，推进资本吸引与聚合；在产品策略方面，综合能源服务为工业企业、大型商超、公共设施等多类型用户提供用电策略咨询、节能改造、能源托管等服务；在运营策略方面，综合能源服务构建集团化的业务合作体系，促进业务的集团化发展。

（2）业务成长周期分析。电网企业开拓综合能源服务市场要坚持"总体谋划、既竞争又合作"。初期"谋市场"，加强"电力卡位"，形成"利益联合体"；中远期"谋生态"，争夺"数据标准"，打造"一体化平台"。初期是市场混沌期，电网企业优势明

显，应以"高速度抢占市场"为目标，依托电网主业优势争取客户，形成优势互补的联合体。重点是推进混合所有制改革试点，结合综合能源服务业务特点，电网企业应"坚持三项原则，联合三大主体、拓展三类业务"，在综合能源服务领域试点混合所有制，打造一批混改示范样板。中远期市场逐步成熟，竞争格局相对稳定，电网企业应以"树品牌、建生态"为目标，争夺数据、标准的主导权，打造一体化平台。重点布局平台业务，按照"内外连通、上下互动、掌控关键"的思路，连通企业和客户，加强线上线下互动，掌控数据流、资金流和标准规则三大关键，打造面向企业、客户、市场的三维一体化平台。

（3）市场拓展分析。综合能源服务针对园区、工业企业、建筑、居民小区等四类重点客户采取如下市场拓展方式。

1）针对园区客户，采取积极抢占的策略，争取在规划设计阶段介入，注重合作共赢，尤其是加强与园区管委会的合作，重点布局能源一体化供应业务。一是在规划时提早介入，紧随电网业务，同步推荐综合能源服务业务；二是积极与管委会寻求合作，通过合资等方式，建立紧密合作关系；三是争取高价值业务，如能源监测与管理平台的建设运营。

2）针对工业企业客户，以节能降耗为切入点，积极争取第三方能效认证资质，形成专业技术优势。一是打通供电服务的"最后一公里"；二是加强专业化能力建设，或与专业性公司合作，形成特定专业领域的综合能源服务范式，加以推广；三是发挥政企关系优势，争取获取第三方能效认证等资质，在协助政府完成能源总量和强度"双控"指标过程中，充分掌握工业企业用能数据。

3）针对建筑客户，顺应绿色建筑发展趋势，以高舒适度和节能降耗为目标，积极发展基于电能的冷热供应、建筑光伏一体化等业务。一是争取以能源托管模式开展业务；二是对于公共建筑争取政府支持或参股，对于商业建筑争取地产开发商或经营方合作；三是以高舒适度和节能降耗为目标，积极拓展基于电能的冷热供应、建筑光伏一体化等业务。

4）针对居民小区客户，重点布局新建小区，争取在规划设计阶段介入，积极开展家庭能效管理、全电厨房等业务。一是打通供电服务的"最后一公里"；二是初期布局新建小区，与开发商密切合作，规划设计期介入；三是积极推进以电为中心的能源一体化供应、家庭能效管理、储能、全电厨房等业务。

（二）技术驱动型商业模式

1. 商业模式策略

能源数字产品类业务整体采取主动对接政府、长远布局公共基础服务、共建共享数据资产价值等策略，实现该类业务在服务社会治理、公益扶贫、公共基础设施等领域的品牌知名度与社会影响力。

该类业务具有较强的社会服务价值和公共服务属性，可基于企业既有的品牌知名度和影响力，强化企业社会责任形象，深挖公共服务的价值潜力，推动业务向社会价值与经济价值兼顾发展升级。一是企业需主动对接政府资源，挖掘社会治理与公共服务的薄弱环节，重点在市政、交通、物流等公共基础设施建设领域开展相关支撑业务，在规划设计初期尽早布局介入；二是考虑在扶贫帮扶、社会公益等政策性事业中提供能源资源支撑，探索政府补贴+价值深挖的保本增效方式，并通过软硬件设施捐赠等方式超前布局用户使用习惯；三是可深入对接各类公共服务单位，共建数据共享与接入机制，建设国家级、区域级的大数据中心，与政府共同探索数据应用价值。

（1）产品策略。围绕能源电力企业资源要素特点及现有技术水平，结合行业需求，自主研发技术产品。如在芯片方面，可丰富 IGBT 等芯片的产品种类，重点推进 CPU 内核、边缘计算、人工智能、高效通信、传感、安全等方面芯片产品的开发。

（2）资本策略。涉及自主技术能力提升与研发能力提升，需依靠主业投资、适量引入外部资本等，配套形成成熟的资本运作模式。如区块链业务，要加强自有资金投入，并适时引入外部资金共同推进。

（3）运营策略。需构建支撑技术产品研发的平台或枢纽，引入众创众包等联合运营、技术应用模式。如能源数据中心建设，要着力打造众创空间，建立与政府联合创新、与企业合作创新的系列众创模式。

2. 典型案例：大数据运营

以电网企业为例，选取大数据运营为典型业务，对其商业模式进行详细的设计分析。

（1）策略设计。在资本策略方面，大数据运营可以通过各属地公司为主体的方式，开展多种运营形式相结合。在产品策略方面，重点围绕政府科学决策、企业智慧运营、居民幸福生活等应用场景，打造电力特色的数据产品；大数据运营重点围绕政府科学决策、企业智慧运营、居民幸福生活等应用场景，开发数据应用技术及产品。在运营策略方面，可打造电力数据超市，打造能源行业数据服务入口；打造众创空间，建立与政府联合创新、与企业合作创新的系列众创模式。

（2）产品服务分析。选取大数据运营为典型业务，对其商业模式中的产品服务与盈利模式进行详细分析。电网企业大数据运营的产品服务模式大致可分为五类，分别是基础数据类、决策支撑类、平台运营类、解决方案类、合作共赢（生态共建）类。

1）基础数据类。聚集企业用户用能数据、系统运行数据、设备及环境监控数据等，经过清洗、聚类、脱敏等数据分析加工，形成基础数据产品，同时设计相应的数据接口，供用户直接查询和下载相关基础数据。基础数据类产品重点针对企业用户。可按下载次数、下载频度、下载流量等计费，或者签订周期性服务合同。

2）决策支撑类。结合电网企业电力大数据的来源渠道和价值细分领域，分析数据市场需求及潜力，形成系列非定向的分析报告和专题研究报告产品。

分析报告产品主要针对社会大众，内容以能源电力发展动态、社会用电量分析、家庭用电行为分析及预测等为主。一方面，支撑社会大众日常生活工作需要，如提高投资精度、提升生活品质等；另一方面，通过数据产品服务提升企业品牌影响力，支撑品牌生态的建立。可采用会员制订阅模式、节能及绿电交易返点兑换、免费发布等方式。

专题研究报告产品主要针对企业和政府用户，重点分析客户关注的行业、领域、区域用能数据，形成系列报告产品，如高耗能产业分析报告、行业景气指数报告、行业动能指数报告、区域用能报告、住房空置率报告、贫困区域用能报告等。可按产品单价计费、按会员制订阅服务收费、免费发布（政府客户）。

3）平台运营类。通过对电网企业电力大数据分析，掌握市场独有的价值数据，如用户品类、行为特征、产品偏好等，构建相应的服务平台，实现各类产品供应端之间、供应端与消费端之间的畅通连接，形成价值渠道，为用户提供精准营销、资讯服务、广告服务等。

针对企业用户，一方面，支撑企业间活动开展，如企业综合信用评价，生产风险评估，为企业间活动提供认证、融资借贷担保等相关服务；另一方面，结合企业海量用户多维画像分析，为企业用户提供精准营销服务、精准广告投放服务、精准资讯推广服务等。可根据点击率、点击量、用户收入增长情况等与企业客户进行红利分成，包括固定比例分成、浮动收益分成等。

针对公众用户，一方面，通过建立多渠道的用户激励体系，实现精准激励，保持用户黏性；另一方面，依靠企业的智能用电信息采集等相关系统，实现企业与价值客户群的紧密联系，提供个性化的咨询及广告服务等，实现产品的高效推广。可通过免费方式进行信息推送，实现产品和服务的大范围高效推广。

4）解决方案类。根据电网企业的数据资产价值特征，重点围绕政府和企业用户的个性化需求，通过定制化的方式提供解决方案，获得相应收益。重点服务对象分为企业用户和政府用户。

对于企业用户，针对企业战略制定、发展规划、金融风控、业务拓展等具体需求，可聚集企业拥有的相关数据资源，结合特定的需求场景，为客户量身打造定制化开发相关咨询类产品。如利用智能监测设备和数据，针对生产企业智能制造、服务利用新模式、新技术提出更精准的优化改进建议。可按次收费、会员制订阅服务收费，采用签订合同长期服务。

对于政府用户，利用大范围、多品类的用能数据，为政府用户提供宏观经济形势预判、产业调整、供给侧结构性改革、精准扶贫评估、优化公用设施布局、提升综合治理能力等专题决策咨询建议报告。可采用按次收费或签订合同长期服务。

5）合作共赢类。与数据供应单位（如地理信息供应商）、产业互联网相关单位、消费互联网相关单位、公共事业进行深度合作，形成包括用能、地理、商务、交通、财务、医疗等数据集合，深度运用内外部数据，对目标用户进行多维度准确刻画，在数据脱敏前提下，服务政府及相关企业。如用能主体多维画像，根据用能主体全领域、多维度信息抽取及标签化处理，重点服务政府用户。通过开展用户分群、兴趣图谱等一系列用户画像工作，以标签化形式对外输出，帮助房屋中介、商业机构（电商、餐饮、家电零售、汽车销售、商业中心等）及家电厂商等企业分析了解潜在受众的属性特征和行为偏好，直接服务于企业主营业务，或服务政府公共安全等管理。可联合生态圈伙伴对收益按固定比例分成，或浮动收益分成。

（三）平台生态型商业模式

1. 商业模式策略

能源平台生态类业务是基于生态理念、发挥平台价值的重点业务。通过平台生态合作开展该类业务，可以借助合作伙伴扩大业务面，提高市场拓展能力与生存能力。此类业务可随需采用并购合作、控股参股、股权置换等策略，对接各类市场主体，合作开拓有潜力的业务空间，为企业后续在相关领域的发展打下基础。

该类业务的特点是企业同业竞争能力不足，独立拓展市场难度较大，需通过多种合作方式共担风险、共享成果，以提前布局和谋划，力争将相关业务转型升级进入盈利预期更强的其他商业模式。一是针对产业链条上的关键业务，企业可采取并购合作的方式占据市场，以期未来能够主导产业话语权；二是针对企业难以获取行业资质和牌照的高门槛型业务，宜通过控股参股的形式发展相关业务，避免在业务开局阶段失去参与机会；三是针对技术壁垒高、市场环境严酷的业务，企业可利用数据、品牌、资金等资源资产优势，采取股权置换的方式，以资源换取市场空间；四是针对具有一定发展基础，但存在发展瓶颈的业务，以混合所有制改革为契机，引入优秀基因，实现业务突破。

（1）产品策略方面。以平台为依托，以引流、流量变现为线索，将流量用户转变为多种类型的产品与服务。如线上产业链金融，拓展金融业务范围，围绕业态创新领域，提供综合金融服务。

（2）资本策略方面。充分吸引外部主体、社会资本等参与平台构建、价值创造，以生态构建吸引资本参与。如新能源服务，可成立独立运营公司，打造商业运营平台，进一步加快推动向市场型、互联网型企业转型。

（3）运营策略方面。构建入口+平台+流量的运营策略，汇聚资源与主体，共同推动互利共赢的运营模式。如金融平台，可以打造全方位、一站式、个性化、具有能源电力特色的数字金融平台，汇集各类资源，聚合资金融通、保险保障、资产管理等各类金融产品服务。

2. 典型案例：产业链金融

以电网企业为例，选取线上产业链金融为典型业务，对其商业模式进行详细的分析。

（1）策略设计。在资本策略方面，可发挥生态聚合能力，构建独立运营公司主导的灵活资本运作模式，促进向互联网型企业转型；在产品策略方面，依托平台流量变现的能力，拓展金融业务范围，重点围绕综合能源服务、电动汽车、物资供应、能源交易等重点业态创新领域，提供融资、投资、保险、资产管理等综合金融服务；在运营策略方面，构建入口+平台+流量的运营策略，打造全方位、一站式、个性化、具有电网特色的数字金融平台，汇集电网承载的资金、资产、资信、客户、渠道、品牌等各类资源，强化主体参与。

（2）客户需求分析。考虑到电网主业上游和产业单位上游有大量的电网系统内部单位，将线上产业链金融目标客户群体分为上游供应商（区分电网系统相关内部单位和外部单位）、下游企业客户和个人客户。其中，电网系统相关内部企业客户包括但不限于主业上游电力设备供应商、电力施工企业，产业公司，产业上游供应商等。

服务内容包括三大类：一是提供资金融通类产品，提供保函、应收账款保理、电子票据、信托贷款、债券融资、直接租赁、售后回租、经营租赁产品等；二是提供保险保障类产品，提供电网机器损坏险、安全生产责任险、在建工程保险保障服务、供电责任险保障服务、公众责任险保障服务、网络安全保险保障服务、营业中断险保障服务、施工人员团体意外保险保障服务等；三是提供资产管理类产品，提供企业年金信托、集体企业信托、证券经纪、代销金融产品、期货交易经纪等等。

（3）盈利模式。线上产业链金融的盈利模式分为业务撮合模式与数据增值模式两种。

在业务撮合模式方面，线上产业链金融平台一端连接上游供应商、下游用电企业及个人客户需求侧，一端连接金融机构供给侧，实现供需双方的交易撮合，从中收取合理的平台服务费。常见的服务费形式有两种，一种是按每笔交易收取服务费，一种是按季/年度会员形式收取。

在数据增值模式方面，数据增值服务的模式大致可分为三类，分别是基础数据类、产品服务类、平台运营类。基础数据类产品重点针对金融机构等企业客户，可按下载次数、下载频度、下载流量等计费，或者签订周期性服务合同；产品服务类，结合产业链数据的来源渠道和价值细分，分析数据市场需求及潜力，形成系列专题研究报告产品；平台运营类，通过产业链大数据分析，掌握市场独有的价值数据，如用户类型、行为特征、产品偏好等，构建相应的服务平台，实现各类市场主体之间、供需之间的精准连接，形成价值渠道，为用户提供精准营销、资讯服务、广告服务等。

四、商业模式策略的思考

本文结合已有的商业模式设计方法，形成了商业模式策略设计，并针对能源互联网价值创造体系下的3类新兴业务、3类商业模式，开展了分类分析与典型案例设计。在具体实践中，商业模式千差万别，本文给出了一个方向性分类与设计方法，在能源互联网价值创造逻辑下指明了商业模式的具体策略设计思路。未来的研究与实践，可进一步聚焦新兴业务细分领域之间的价值差异性，探索复合型商业模式的市场策略，具体来说：

（1）在深入研究价值创造机理的基础上，构建差异性的价值场景与价值创造路线。本文探索性构建了能源互联网价值创造体系及其商业模式策略，但是对新兴业务与商业模式的分类是简单的对应关系，主要聚焦的是商业模式策略的方向性设计思路，未来的研究可以更多地关注具体价值场景的差异性特点，形成更为精确实用的价值创造路线。

（2）探索更为前瞻性、创新性的新型商业模式。本文提出了服务引领型、技术驱动型、平台生态型 3 类商业模式，但在实践中可能存在一定的交叉应用。特别是能源互联网新兴业务所具有的多领域、多场景特点，使得未来的研究实践需要关注具体问题的特点，重塑商业模式格局和策略组合，形成更具竞争优势的商业模式。

能源互联网商业模式迭代体系与方法初探

当前，我国能源领域加速变革，能源技术与数字技术深度融合，清洁能源比重和电能占终端能源消费比重持续上升，新型用能形式不断涌现，对能源电力企业转型发展和能源互联网发展的业态模式创新提出更高要求。能源电力企业面临内外部环境的深刻变化和挑战，商业模式的创新和价值日益受到重视。从企业外部来看，"大云物移智链"等信息通信新技术的出现与发展推动企业原有商业模式的加速创新，用户美好生活和消费升级要求能源互联网提供多元丰富、个性定制的增值服务；从企业内部来看，当前宏观经济下行、用能增速趋缓，使得整个能源电力行业面临普遍经营压力，需要发挥能源互联网的全方位、持续的动能引擎作用，获取新的增长动力。因此，能源电力企业，亟须在理论层面上对能源互联网商业模式如何创新变革、更新迭代进行深入研究。

对能源互联网创新发展而言，新业务、新业态的开展是在原有电网功能形态与业务基础上的产业价值链延伸，是实现向能源互联网企业稳步转型的关键战略，商业模式是推进能源互联网新业务持续有序发展的重要基础。能源互联网面向开放的市场和激烈的竞争，新业务的探索与传统业务相比更具复杂性和个体差异性，特别是从商业模式设计、到发展初期的合理性验证、再逐步发展至市场化运营是一个长期性商业实践过程，需要动态性研判分析与系统性的跟踪指导。本文在梳理分析商业模式迭代的概念内涵与相关技术研究的基础上，面向能源互联网构建商业模式迭代体系与相关技术，力求构建一套方法论，以指导能源互联网商业模式迭代的全过程。

一、商业模式迭代研究综述

（一）商业模式迭代的内涵与概念界定

当前，商业模式的概念随着互联网经济、"三新"经济等的兴起受到在学术界与产业界的广泛关注，"迭代"思维和理念已被广泛地融入商业活动中，逐步成为影响和驱动技术研发、产品设计、商业模式等创新行为的企业经营管理思路。商业模式迭代是商业模式创新和演进的重要活动。各类学术研究普遍认为，商业模式创新是一个系统工程，且是一个动态演进的过程，需要从动态视角研究商业模式创新的内外部驱动力、影响因素、实施路径等，特别是关注动态演变过程中商业模式创新的核心理念的变化、外部动力影响的变化，以及模式本身的变革和演进。实践中可以发现商业模式演进的过程，也是商业模式再创新、再设计的过程，期间商业模式创新的动力机制或要素组成发生了变化，形成了独有的商业模式创新路径，充分体现了"迭代"的理念。

本文将商业模式迭代定义为：商业模式迭代是企业为了应对内外部环境动态变化引发的商业模式创新需求，通过明确商业模式内外驱动力（迭代基础）、现实需要（迭代需求）、当前阶段的目标愿景（迭代目标），从而不断调整、修正商业模式并提出具体可执行的商业策略（迭代策略），从而保持企业可持续竞争优势（通过一定手段进行评价）的过程。商业模式迭代是一定阶段下保持企业可持续竞争力、维持市场竞争能力、实现商业模式创新不衰的必然选择，商业模式的不断迭代为企业不断增长注入活力。

（二）商业模式迭代的有关研究方法与模型

目前关于商业模式迭代的研究并不系统，更多关注的是商业模式演进过程，对商业模式迭代的步骤、方法、模型等探讨尚不充分。几种典型商业模式迭代模型见表4-2。

表 4-2   几种典型商业模式迭代模型

模型名称	应用场景	对模型的评价
整合迭代微创新战略模型	互联网行业、传统企业微创新场景	1）详细解释了基于企业动态能力构建实现企业迭代微创新战略成功的机理与诉求。 2）缺少多案例的复制和比较，模型不具有一般性
基于二次创新过程的组织学习模式演进模型	引进技术的再创新	1）打破了传统的封闭、静态、线性的埋头苦干式"引进消化吸收再创新"。 2）创新提出根据现实环境与能力条件的特点选择动态的组织学习模式，积极进行开放、动态、非线性的开放集成式的"二次创新"。 3）仍然有待后续大样本研究来进一步验证
平台型企业构建过程中迭代创新模式演化机制模型	部分平台企业	1）从动态能力视角分析平台型企业构建过程中的商业模式演化与迭代创新问题，提炼出迭代创新模式的演变依据、过程及结果。 2）未来研究需要更多案例作为佐证
基于深度探究的迭代比较方法（ICMDI）	概念型模型	1）创新提出了"概念化、情景化、差异分析、阐释、再度概念化"迭代闭环。 2）实践性不足
基于第Ⅰ类技术引进的二次创新过程的组织学习模式动态演进模型	基于技术引进的创新	1）详细解释了技术引进的全周期创新过程。 2）未考虑企业能力的动态发展

商业模式迭代是受制度、环境、技术、社会、市场、企业、个人等影响因素驱动，带动商业模式不断创新演化的行为。现阶段研究既包括基于企业动态能力发展的视角开展研究，也包括从外部技术变化等因素进行迭代模型构建。然而，模型普遍存在概念化过强、量化指标缺乏、指导实践能力较弱等问题。

针对本书研究对象——能源互联网领域，其相关业态的商业模式迭代研究，国内外基础理论缺乏，并且演化规律复杂，闭环迭代技术及特征尚未清晰界定，相关的评价跟踪指标、迭代实践方法都有待进一步深入研究。

本文旨在构建商业模式迭代体系，并聚焦能源互联网构建商业模式迭代机理与方法，为能源互联网这一新兴业务领域提供商业模式迭代创新的步骤与方法，以便将现有的偏重理论概念的商业模式迭代模型转化为实用性工具方法，并以案例形式验证能源互联网商业模式的迭代递进和发展方向。

二、能源互联网商业模式迭代体系

（一）商业模式迭代体系

商业模式迭代体系始于商业模式设计，在内外部形势变化、企业发展战略的影响之下，驱动既有的商业模式架构和形态，按照一定的需求和目标，采用迭代式创新思维进行演化转型，即商业模式迭代过程。商业模式迭代过程是一个循环往复的过程，当满足了现实需求后，将形成商业模式再创新的结果。商业模式迭代体系的构建和研究，核心是建立商业模式迭代的一般规律和流程路径，明确商业模式迭代机理和具体方法，推动商业模式再创新。

因此，本文提出构建能源互联网商业模式迭代体系（见图 4-16），以刻画商业模式迭代过程中的关键因素，可将商业模式迭代的路径分解为基础、方向、目标、举措等四个环节，对应迭代起点、过程、终点和应对措施。

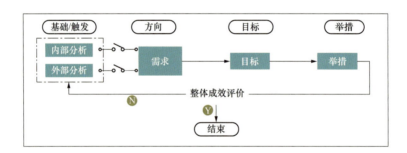

图 4-16　能源互联网商业模式迭代体系

（二）能源互联网商业模式迭代机理与方法

能源互联网有其特有的互联网特质和能源网络特质，因此其对商业模式迭代创新提出了更高要求，体现在以下方面：①能源互联网的互联互通要求商业逻辑的重构，通过从线下到线下线上并重，重构渠道、流程和模式；②能源互联网的多元网络协同效应，超越了传统的规模经济，使得各利益相关方的广泛聚合成为推动商业模式发展的驱动力量；③能源互联网的技术、数据等资源的智能化和中台化应用，使得商业模式迭代和演进具备了硬件基础；④能源互联网的新兴业务面临激烈的市场竞争，要充分做到快速响应用户需求，依靠用户的集体智慧，帮助实现自身产品的优化、完善、改进、提升，其载体就是商业模式优化。

综上所述，提出图 4-16 所示的商业模式迭代体系，聚焦能源互联网领域，其商业模式迭代路径，首先是对能源互联网业务进行内、外部分析，判断业务是否存在迭代

110

需求，若有迭代需求，则迭代过程开启；然后以迭代需求为方向，确定业务的迭代目标，为了实现迭代目标，制定并落实迭代策略；最后进行整体成效评价，若满足评价要求则迭代过程结束，若不满足评价要求则继续迭代过程，直到满足评价标准。能源互联网产业处于快速发展阶段，其所涵盖的新兴业务领域，大多仍处于不断探索的过程，面临着发展前景的不确定性、资源能力开发不充分等问题，迭代式的创新是推动其快速发展的关键。

1. 迭代基础

迭代基础主要考虑迭代的驱动力，表明推动或迫使商业模式进行迭代更新的动力来源。当前，能源互联网的发展面临着能源改革深化、数字经济蓬勃发展、业态创新发展加快等趋势，促使商业模式需要不断适应内外部形势变化、匹配战略发展的现实需求。迭代基础包括外部分析和内部分析两个部分，通过外部行业分析、内部业务分析等调查研究与分析工作，共同形成并研判商业模式迭代的动力基础。

外部分析方面，主要针对行业概况与趋势、行业特征、行业细分与竞争格局、客户/消费者行为等。旨在明确行业发展的外部环境、产业链、行业规模与发展趋势，厘清主要的产业参与主体、技术路线和发展趋势，明确行业发展所处的生命周期，结合一定的定量方法预判关键核心驱动要素、行业发展路线等。此外，还要考察个人消费者（2C）、企业用户（2B）与政府用户（2G）的特点、需求和影响力。

内部分析方面，是指对业务本身进行分析，主要包括产品特性、销售渠道、运营能力、投融资能力、增长能力。其中，产品特性分析有助于业务人员了解产品特性，如产品生产的边际成本、客单价大小、产品需求弹性、消费高频/低频、过程/终端产品，以此研究业务的发展驱动力，研判业务的增长空间大小和趋势。

2. 迭代方向

在内、外部分析基础上，可进一步分析得到业务的迭代需求。迭代需求指明了商业模式的迭代方向，重点在于识别业务增长规律、识别核心价值领域、诊断业务增长现状、测算业务增长潜力等。不同的业务有着不同的迭代需求，需结合实际业务分析之后确定，同时还需要具体的业务发展周期来进一步明确。迭代基础上的迭代需求分析如图 4-17 所示。

由图 4-17 可见，迭代需求包括用户需求改变、细分市场开拓、技术突破更新、商业架构优化、价值获取转变等。其中，用户需求改变要求业务发展围绕用户需求进行不断探索，基于用户需求改变的方向建立业务商业模式的迭代方向；若迭代需求是细分市场开拓，则应对要进入的细分市场进行市场分析和用户分析等；技术突破更新时，需要重新分析技术的先进性、市场接受度等问题，并考虑成本构成、盈利水平、预期回报方面的测算分析；商业架构优化、价值获取转变这两大迭代需求，需要变革既有的管理运营方式，为企业构建形成新的商业生态，比较适合通过价值链整合、平台生态式发展促进利益共享共赢的相关业务。

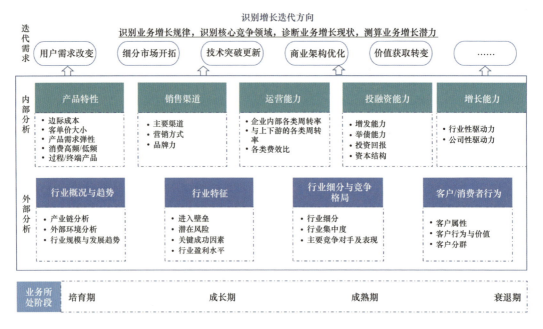

图 4-17　迭代基础上的迭代需求分析

3. 迭代目标

迭代目标是指业务要实现的增长和发展程度，体现了业务现阶段的侧重关注点。与业务发展相关的迭代目标主要包括要素配置能力提高、客户满意度提高、品牌价值提升、风险控制力增强、业务协同度提高、产业链带动力增强、附加值提升、占领行业制高点、合规安全度提高、投资回报水平提升、技术进步创新活跃度提高、数据应用水平提高、社会服务力增强等。

对于不同类型的业务，其迭代目标也有所区别。能源互联网业务中，能源转型服务类业务，重点是要通过商业模式迭代，实现投资回报水平提升、业务附加值提升、行业制高点占领等市场目标，同时要实现业务协同度、合规安全度、电网支撑水平等保障目标；能源平台生态类业务，重点是要提高要素配置能力、客户满意度、品牌价值、产业链带动能力等目标，以便通过商业模式，进一步发挥平台价值，构建良好的能源互联网生态；能源数字产品类业务，则重点关注创新活跃度、数据应用水平提升等方面，以推动能源数字产业化发展，同时还要关注其产业链带动能力、社会服务能力的增强。

4. 迭代举措

迭代举措是为了达到业务的迭代目标而实施的解决方案。分别围绕用户类、财务类、生态类三方面进行迭代策略的设计，释放业务的增长潜力。用户类的举措包括聚焦目标客户群体、丰富场景渠道引流、构建统一客户服务体系、精准对接客户需求等；

财务类的举措包括提高投入产出比、加快资金周转、提高投资回报水平、优化资本结构等；生态类的举措包括构建业务合作体系、留存价值客户、拓展增值服务种类、扩大业务服务规模，构建业务发展生态圈等。

在实践中，差异化的业务需要结合迭代目标，多措并举，选择恰当的迭代举措（见图4-18）。一方面，需要组织管理的准备，优化经营管理的投入；另一方面，需要保持对商业模式迭代过程的专注分析与跟踪研究，及时总结经验，为下一轮迭代做好准备；企业的数据、技术、资产、产业链资源及品牌等要为商业模式迭代提供保障；此外，还需要通过试点验证、示范推广等行动提供实践支撑。

图4-18　迭代策略的设计应用

5. 整体成效评价

迭代策略实施后，需要适时跟踪评价，形成反馈，为下一次迭代提出新的需求和目标提供依据。整体评价可以从迭代策略涉及的用户需求、产品服务形态、生态策略、技术创新模式、盈利方式等方面的效果来展开，这些也与商业模式的关键要素紧密相关。评价结果如符合商业模式发展需求，则结束本次迭代，未来根据业务发展周期重新启动迭代流程；如不符合形势与需求，则进入新一轮迭代，重新研判内外部发展形势、明确迭代需求与目标、提出对应策略。

三、能源互联网商业模式迭代体系的应用探索

（一）商业模式迭代体系在能源互联网新兴业务中的分类应用

聚焦能源互联网的能源转型服务类、能源数字产品类、能源平台生态类等三大新兴业务类别，运用商业模式迭代体系分别对各类业务进行分析。

113

各类业务迭代特点见表 4-3。从表可见，新兴业务大多处于培育期，少数处于成长期。总体来看，新兴业务在用户渗透率和产品价格力方面表现不足，面临开发用户需求、转变价值获取、更新科技突破等迭代需求。能源转型服务类业务的迭代目标可以总结为在占领行业制高点，提高附加值水平。能源数字产品类业务的主要迭代目标是提高技术水平、数据应用水平与社会服务力，从而带动产业链，支撑电网发展。能源平台生态类业务的主要目标是在优化资源配置的基础上，提升品牌价值，提高客户满意度。

表 4-3   **各类业务迭代特点**

业务类别		所处迭代时期	迭代需求	迭代目标
能源转型 服务类	综合能源服务	成长期	用户需求开发	占领行业制高点
	电动汽车服务	成长期	平台生态构建	提升附加值水平
	源网荷储协同互动服务	培育期	商业架构优化	业务协同度
	基础资源商业化运营（多站融合）	培育期	价值获取改变	投资回报水平
能源数字 产品类	芯片、传感与 IGBT	培育期	科技突破更新	技术进步
	大数据运营	培育期	价值获取改变	数据应用水平与社会 服务力
	5G 与地理信息时空服务	培育期	用户需求开发	电网支撑度
	区块链技术多场景应用	培育期	科技突破更新	产业链带动力
能源平台 生态类	能源+电商	成长期	细分市场开发	品牌价值提升
	能源+金融	成长期	商业架构优化	风险控制力
	能源+工业互联网	成长期	价值获取转变	要素配置能力
	能源+市场	成长期	用户需求转变	客户满意度提高

（二）商业模式迭代设计案例 1：虚拟电厂业务

虚拟电厂是聚合优化"源-网-荷"的新一代智能控制技术和互动商业模式，可以将分布式电源、储能、负荷等分散在电网的各类资源相聚合，进行协同优化运行控制和市场交易，实现电源侧的多能互补、负荷侧的灵活互动及与电网的协同运行。通过深入分析多个省级虚拟电厂业务，结合本文的方法，形成虚拟电厂业务商业模式迭代演进整体路线（见图 4-19）。

1. 第一阶段：培育期聚合参与电力需求侧响应

（1）迭代需求。分布式电源在能源互联网发展背景下接入规模扩大，随机性和波动性对局部电网、微电网带来的潮流不稳定问题日益突出，给整个电网安全带来挑战；用户对需求响应的了解和接受程度越来越高，期望可以不断提升用电灵活性和经济性，大量小规模、分散的用户不具备专业技术能力和运营经验，亟须虚拟聚合商代理整合；部分地区的负荷尖峰时可削减、可中断补偿机制不断完善，使得需求响应可以从行政方式向市场化补偿转变，进一步吸引用户参与。

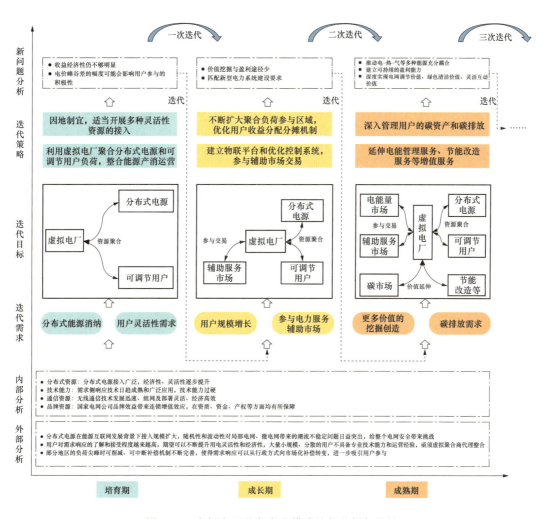

图 4-19　虚拟电厂业务商业模式迭代分析与设计

（2）迭代目标和策略。通过虚拟电厂的方式，聚合分布式电源和可调节用户负荷，作为一个整体运营的能源产消者，根据电价的峰谷波动，以及电网的运行需求，结合储能等技术，增减或中断出力和负荷，促进整个系统的能量平衡和稳定运行。该阶段一方面可以选取部分发展条件较好的区域开展，另一方面可以首先接入控制蓄热式电采暖、可调节工商业、智能楼宇、智能家居、储能、电动汽车充电站、分布式光伏等多种灵活性资源，达到示范作用和价值。

（3）整体评价。该阶段可以通过虚拟电厂内部优化控制，促进经营区域内分布式能源的优先就地消纳，降低了分布式新能源发电增长带来的调度难题，使配电管理更趋于合理有序，提高了系统运行的稳定性。可调节负荷用户在虚拟电厂运营商的整体代理下，获得较好的响应收益。但收益经济性仍不够明显，电价峰谷差的幅度可能会影响用户参与的积极性。

2．第二阶段：成长期参与电力辅助服务市场

（1）迭代需求。随着调频、调峰、无功、备用容量等电力辅助服务市场的不断完善成熟，虚拟电厂聚合用户和分布式电源的规模增大，并且负荷多元程度、可控程度不断提升，为虚拟电厂参与电力辅助服务市场创造了条件。

（2）迭代目标和策略。通过物联平台和优化控制系统的建设，完善投入回报和收益分配机制，使虚拟电厂运营商更加深度地参与电力系统的运行；提供频率控制、事故恢复、电能质量等辅助服务，推动电力系统运行更加高效经济，同时获得更高的效益回报。一是将聚合负荷参与区域不断扩大，广泛接入热泵、各类储能等，获得规模效益；二是优化完善虚拟电厂运营商与用户收益分摊的商业模式，激发市场活力；三是推动虚拟电厂参与的竞价规则、补偿机制更加科学完善。

（3）整体评价。通过虚拟电厂实际运行结果，量化得到参与调峰响应能力、盈利水平、设备损耗成本，得到盈利边界条件，验证商业模式的可行性。运营商的用户规模显著增长，可以发掘更多的延伸服务和增值服务机会。

3．第三阶段：成熟期扩展延伸服务和碳排放管理服务

（1）迭代需求。"双碳"目标下，能源电力转型加速，碳市场、碳资产管理等逐步推广，为虚拟电厂的价值创造提供了更大的空间；新型电力系统发展下，虚拟电厂对于分布式清洁能源的灵活调节能力，也可以通过支撑在清洁能源就地就近消纳、绿色能源证书等发挥更大作用。

（2）迭代目标和策略。通过深入管理用户的碳资产和碳排放，在绿证、碳配额交易中获得更大收益，进而推动新型电力系统构建。在售电代理的基础上，延伸电能管理服务，可以提供用能解决方案、电能质量管理与定制、设备运维等服务；延伸节能改造服务，可以提供能效管理、家庭节能改造和绿色照明等节能服务；完成清洁能源消纳配额指标后，可将多完成的消纳电量放入绿色电力市场，甚至参与碳市场的碳配额交易进行交易获利。

（3）整体评价。通过三个阶段的迭代发展，形成围绕虚拟电厂业务的能源新业态，推动电-热-气等多种能源充分耦合，运营商和用户形成可持续的回报模式，实现电网调节价值、绿色清洁价值、灵活互动价值。

（三）商业模式迭代设计案例2：多站融合业务

多站融合业务是围绕变电站站址资源复用等，结合充电桩、储能、北斗等新型基础设施，以及5G、边缘计算、电力大数据等数字化技术，开展共享资源、开发增值服务，形成一站多能的高效资源开发利用模式。目前，多个省级电网企业基于复用变电站开展多站融合业务，本文基于对多项多站融合业务开展情况进行研究，形成了多站融合业务商业模式迭代演进整体路线（见图4-20）。

1．第一阶段：培育期以数据中心机柜租赁、充电服务为基础业务

（1）迭代需求。在培育期，多站融合业务多数以数据中心机柜租赁、充电服务为

基础开展业务起步与发展。机柜租赁、充电服务均只需占用一定的场地资源及电量供应，适合变电站的快速改造和资源复用，且能够满足业务初期发展阶段"获取现金流"与"布局业务网络"两方面需求。

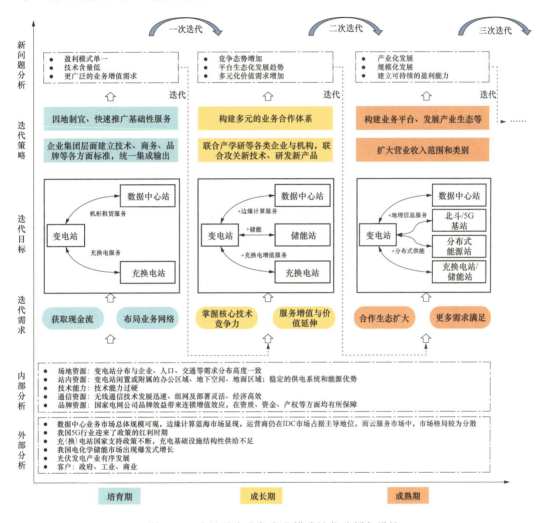

图 4-20 多站融合业务商业模式迭代分析与设计

（2）迭代目标和策略。该阶段为了达成"变电站+数据中心站+充换电站"三站合一的商业运营模式，宜采用的迭代策略包括两方面：一是因地制宜开展数据中心机柜租赁服务，结合地方特点改进机柜特性（如气候条件制约、土地资源利用相关法规带来的散热和使用限制问题），以便在不同地区和场景下快速推广机柜租赁服务等基础性业务，建立客户群体，获取现金流量；二是开展企业集团层面的技术、商务、品牌等各方面标准的集成与统一输出，形成集成化的窗口展示和高标准的形象口碑。

（3）整体评价。通过业务合作体系、品牌标准统一输出，可在多站融合行业中建立市场位置。但是，这一阶段的商业模式培育和发展过程，会形成盈利模式单一、技术水平不够突出等问题，也将面临更为广阔的多站融合发展需求。

2. 第二阶段：成长期发掘更加丰富的多元服务

（1）迭代需求。面临的是"掌握技术核心竞争力"与"服务增值与价值延伸"的新需求。可以进一步发掘"变电站+数据中心站+充换电站/储能站"的商业模式的多元服务，一方面引入数据中心边缘计算服务，提升云储存、云计算服务能力；另一方面在充换电服务基础上提供智能化的增值服务，同时可以引入储能设施，形成"变电站+数据中心站+充换电站/储能站"的商业运营模式。

（2）迭代目标和策略。该阶段宜采用的迭代策略包括两方面：一是构建多元的业务合作体系，如与移动通信公司合作，为游戏、视频等互联网企业提供边缘计算服务；二是联合产学研等各类企业与机构，联合攻关新技术、研发新产品，如构建区域、省际联网的边缘计算服务等，以便形成硬技术与核心能力。

（3）整体评价。通过联合攻关技术、研发新产品新服务模式，实现了技术转化与业务范围扩大，提升业务盈利能力。该阶段的商业模式也存在一定的挑战，即市场竞争态势日益增加、多元化价值需求增加、业务面临平台生态化发展趋势等。

3. 第三阶段：成熟期形成"变电站+*X*"的差异化业态

（1）迭代需求。成熟期面临的是"合作生态扩大"与"更多需求满足"的迭代需求，因而可以进一步扩大多站融合的范围，引入分布式能源站、5G与北斗基站等形成"变电站+*X*"多种差异化的业态。

（2）迭代目标和策略。宜采用的迭代策略包括两方面：一是构建业务平台、发展产业生态，如牵头成立战略联盟，聚集生态圈资源；二是扩大营业收入范围和类别，如开展分布式能源服务、5G信息服务、基于北斗的地理信息服务等。

（3）整体评价。将5G、充电桩、分布式能源、数据中心站等各类资源聚合到业务中，将政府、工业企业、商业企业等各类主体纳入生态合作关系中，帮助企业逐步占据市场核心位置。未来，多站融合商业模式的发展，将进一步向产业化、规模化发展，建立可持续的盈利能力。

四、商业模式迭代的思考

本文构建起了商业模式迭代创新的实用工具与方法，初步验证了虚拟电厂、多站融合业务的迭代递进和发展方向。在具体实践中，商业模式迭代是个循环往返、不断完善的过程，还需要结合实际完成迭代策略的实践落地。未来的研究与实践，可进一步聚焦方法论实用性加强研究深度，关注业务差异性，实现有效迭代。具体来说：

（1）在深入研究探索商业模式迭代机理的基础上，构建了完整明确的技术路线。本文探索性构建了商业模式迭代体系，并进行了迭代机理与方法的初步构建。未来可以进一步研究商业模式迭代的有关机理与方法，对迭代过程、迭代路径进行相关技术方法的深入量化研究。

（2）分类施策促进能源互联网新兴业务增长迭代。本文初步提出了商业模式迭代在能源互联网 3 类新兴业务中的应用，初步分析了差异化策略。能源互联网新兴业务具有跨领域、跨平台、跨功能的特点，需要结合具体问题差异分析，进一步分类施策和跨业务联合策略，实现能源互联网新兴业务的生态化发展。

ENERGY

EARTH ENERGY

案例观察一：
平台服务

本篇章主要针对能源互联网平台进行案例研究。根据能源互联网相关平台实践情况，选取几个关键词，对相应的细分领域开展研究。

文章一关注"竞争"状态，市场需求与产品服务两个关键的商业模式要素，同时也是市场营销和行业比较中最关注的内容，从两大要素的分析精准地刻画了能源工业云网所处的行业地位和可以发展的潜力空间。

文章二应用"流量"思维，思考智慧能源综合服务平台的设计，以流量为线索，支撑平台模式及其业务板块的设计，将"流量"贯穿业务链条逻辑。

文章三以"赋能"为切入点，研究绿色智慧物流赋能行业发展，探索"赋能"的几种形态和形式，探讨其在业务创新发展中的价值。

竞争：能源工业云网发展的
行业对标与策略分析

工业互联网平台行业现处于初步发展期，伴随产业政策不断发力，未来将快速成长。面向零部件、汽车、服装等行业的知名工业互联网平台不断涌现，赋能行业实现数字化转型。在"双碳"落地、全球能源短缺的大环境下，通过数字化提升能源发展与利用效率成为热点问题。建设面向能源行业的工业互联网平台是全面提升能源行业数字化能力的关键与保障。

"能源工业云网"是国家电网公司自主研发的工业互联网平台，面向能源生产、装备制造、能效消费三大领域，主要包括制造、招采、电商、租赁、物流、工程、运维、信用八大应用中心，提供全域物联接入和工业互联网基础应用服务，为能源电力产业链上下游企业提供"上云用数赋智"。本文对工业互联网平台市场进行对比分析，提出了"能源工业云网"发展优化策略，以期为工业互联网平台在能源领域应用实践提供参考。

一、"能源工业云网"的行业对比分析

"能源工业云网"属于工业互联网平台，是工业互联网在能源电力领域的具体实践和重要载体。目前国内具有一定行业和区域影响力的工业互联网平台超过100家，覆盖20余个国民经济重要行业。

（一）市场布局分析

按照技术、业务两个维度将国内工业互联网平台市场进行细分市场划分。技术坐标是指当前各大工业互联网平台的提供的技术可以分为IoT、PaaS/SaaS/App、IaaS。业务坐标是指当前各大工业互联网平台一部分侧重于服务客户工厂内流程，主要以制造流程为主；一部分侧重于服务客户工厂外的流程，如营销、采购、物流等。

国内工业互联网平台市场布局如图5-1所示，工业互联网平台市场可以划分为生产物联模式、软件服务模式、流程应用模式、云端制造模式、场外物联模式和终端云化模式六大细分市场。其中，由于市场需求不足，场外物联模式和终端云化模式细分市场现存平台服务商数量较少，不具有参考意义，因此暂不纳入此次研究。目前，市场主流的工业互联网平台服务商主要活跃于生产物联模式、软件服务模式、流程应用模式、云端制造模式四大细分市场。

（1）生产物联模式细分市场。典型的行业参与者如树根互联、徐工汉云等。其特点是面向工厂内的制造流程，基于物联网，大规模连接多种类工业设备，通过多源

工业大数据和 AI 的分析提供服务，采用"通用平台+产业生态"的模式获得平台佣金收入。

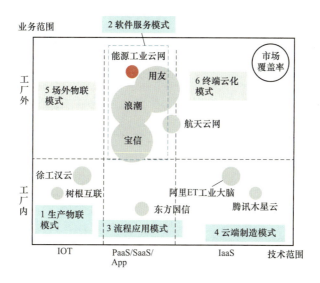

图 5-1　国内工业互联网平台市场布局（数据来源：Wind、GlobalData）

（2）软件服务模式细分市场。典型企业如用友、浪潮、宝信等。其特点是面向工厂外的设计、营销、采购、财务、人力资源、协同工作等工业企业流程，在提供财务、ERP 等软件服务的基础上，拓展成工业 PaaS 平台，服务成本较低、交付灵活。

（3）流程应用模式细分市场。代表企业如东方国信等。其特点是面向工厂内的制造流程，提供快速开发环境和工具技术平台，客户和第三方开发者能以更低成本、更高质量快速完成各行业、各领域工业 App 和工业微服务的开发。

（4）云端制造模式细分市场。代表企业如阿里 ET 工业大脑、腾讯木星云等。其特点是将人工智能、大数据、云计算技术嫁接到生产线，对工业数据进行分析、挖掘、建模，并且快速构建智能分析应用，辅助客户进行全局决策。

"能源工业云网"平台属于软件服务模式细分市场。基于制造、招采、电商、租赁、物流、工程、运维、信用八大中心，为能源电力行业客户提供软件应用服务。从参与者数量来看，当前该细分市场竞争相对激烈，但行业集中度低，因此针对能源垂直行业来看，仍具有一定的发展空间。

（二）代表性企业分析

分别选取树根互联、用友、阿里 ET 工业大脑等细分市场中代表性企业，从边缘智能、运营支撑、增值服务等工业互联网平台提供服务的三个维度进行重点分析，工业互联网平台主要竞争者画像分析如图 5-2 所示。

树根互联以机器关系管理为核心，打造了通用型工业操作系统平台。其在边缘智能维度表现强势，具体来说，设备连接、数据采集、检测维护、能耗优化等能力均优于市场同类主体。树根互联的梧桐 IoT 平台具有普适设备连接能力，能真正实现"多快好省"。基于对工业场景业务的理解能力，能支撑实现多类型数据基于场景指标需求的融合。

主要竞争者的优缺点分析			
公司名称	树根互联	用友	阿里ET工业大脑
业务侧重	硬件连接	工业软件	云计算
流程侧重	制造、设备管理	营销、采购	制造
边缘智能 设备连接	强	弱	弱
边缘智能 数据采集	强	弱	弱
边缘智能 检测维护	强	弱	弱
边缘智能 能耗优化	强	弱	弱
运营支撑 资源调度优化	中等	强	中等
运营支撑 工艺优化	弱	弱	强
运营支撑 物流优化	弱	中等	弱
增值服务 后市场服务	强	弱	弱
增值服务 金融服务	强	中等	弱
增值服务 供应链赋能	中等	强	中等

图 5-2 工业互联网平台主要竞争者画像分析

用友精智工业云平台以工业软件为基础，提供包括营销、财务、人力资源等全面的工业企业服务。用友的优势点在于运营支撑维度中的资源调度优化方面。用友拥有30余年的企业服务经验，从财务软件、ERP 到云服务，具备大量客户基础，规模化推广与服务能力强，建立了完善的面向大型、中小型、小微企业客户的分级管理体系。

阿里 ET 工业大脑以云计算操作系统为支撑，为庞大复杂的工业产线提供数据挖掘分析服务。其核心竞争力在于运营支撑维度中的工艺优化方面。阿里 ET 工业大脑是人工智能在工业生产的应用，其已经在流程制造的数据化控制、生产线的升级换代、工艺改良等方面开展工作。

作为初创平台，"能源工业云网"在边缘智能、运营支撑、增值服务三方面均处于爬坡提升阶段，平台能力及发展策略具有极大的提升空间，可以更好地加入合作生态中。由于技术和业务范围有所差异，"能源工业云网"与其他多数平台并不存在很强的竞争关系，在短期内可选择合适的合作伙伴，在加强自身能力的基础上，借鉴经验、互补所长，打造自身的竞争水平与合作优势；中长期可发挥自身优势，开展广泛合作，稳固行业地位。

二、"能源工业云网"发展策略优化设计

基于以电为中心创新价值链，以数为要素创新业务链等优化设计核心理念，提出"能源工业云网"发展策略优化方向。

一是锻长板、补短板，完善云网平台体系。强化"能源工业云网"现有物联服务、模型服务、集成服务、工业 App 等子平台的运行功能，加快形成 IoT 平台、AI 中台，进而打通边缘层的应用场景。

二是打造拳头型场景化解决方案。基于数字孪生、物联监控等技术，深耕打造透明工厂解决方案、能耗与安全管控方案等服务产品，提高云网在解决制造过程不透明、人工成本高等方面场景痛点的能力，进而在能源行业树立标杆样板。

三是设计分级商务拓展策略，建立面向客户的业务分级管理体系。差异化针对性的客户策略是高效推动"能源工业云网"业务增长的关键。针对大型企业客户，以全方位满足客户需求为导向；针对中小型企业，优先推行公有云收入增长策略，签约优质生态伙伴，利用生态链接实现中小企业大面积覆盖。

四是随着功能的完善、业务规模的增长，适时优化盈利模式。未来可将"能源工业云网"的收入设计为平台型收入、订阅型收入两部分。其中，订阅型收入主要来自中小型企业客户采购如物流、运维等标准化产品；平台型收入则是指佣金收入，通过撮合大型能源电力企业与生态伙伴交易的完成，"能源工业云网"获得收入分成。

流量：基于流量思维的智慧能源综合服务平台设计

开展智慧能源综合服务已成为提升能源效率、拓展新业务的增长点，成为促进竞争与合作的重要发展方向。智慧能源综合服务平台集能源监控、能源分析、能源管理、能源服务、能源交易、能源生态等多种功能于一体，贯穿能源产业服务全过程，为政府、能源消费者、能源运营商、能源产品与服务商等各类用户，提供绿色、安全、经济、高效、增值的综合能源信息化智慧服务，构建共赢、共享的能源生态圈。

智慧能源综合服务平台本质上是在"能源+互联网"理念的基础上构建了平台型商业模式，流量成为其重要的关键要素与资源。类似于互联网思维下的流量要素，流量是由客户形成的，是实现业务发展与价值变现的手段和关键；不同于互联网思维下流量要素的是，智慧能源综合服务平台的流量被赋予了更多价值创造的内涵和任务，还贯穿了一系列业务、数据信息。

因此，本文基于价值视角，分析商业模式创新与平台战略的价值机理，构建平台商业模式的价值流动机理研究框架；然后，集合智慧能源综合服务平台的业务架构特点、创新需求，形成智慧能源综合服务平台商业模式设计，明确业务流、数据流、资金流视角下的平台商业模式逻辑特点，从而明确设计平台商业模式的价值流动路径及其业务流程逻辑。

一、理论基础

（一）平台战略与平台模式的价值网络视角

目前，越来越多的企业采用平台战略来创新商业模式，促进创新绩效。全球100家市值最大的企业中，至少有60%的企业超过一半的收益来自平台市场。在当今的移动互联时代，不仅互联网企业采用平台型商业模式，传统制造业、能源企业、服务型企业、行政管理机构等都开始思考平台和商业生态对企业转型升级的影响。平台之所以能够创造价值，是因为平台具有极大的经济性，是具备范式特征的价值创造资产。

关于平台战略的研究的价值网络理论认为，价值网络指在不同市场主体、不同产业、不同时间、不同地点之间，形成的价值创造、交换和转移的网络。也就是说，价值网络视角下的平台战略，是要明确价值流动过程中的平台发挥的作用及平台中主体之间的关系。

（二）平台商业模式的价值流动机理研究框架

价值流动理论（Value Current Theory）是由被誉为"世界经济哲学之父""现象经济学之父"的著名经济学者朱明首次提出的一门经济学理论，简称"世界经济流动学"

或者"朱明经济学"。该理论指出，价值流是指从原材料转变为成品，并给它赋予价值的全部活动，包括从供应商处购买的原材料到达企业，企业对其进行加工后转变为成品再交付客户的全过程，企业内、企业与供应商、客户之间的信息沟通形成的信息流也是价值流的一部分。广义的价值流涵盖了业务流、资金流、信息流（数据流）等各类可以创造、传递价值的"流"。

从价值流理论研究来看，商业模式解释了价值如何被创造、传递和获取，明确了价值流动的过程，而平台战略则解释了价值传递、共享和交换过程中的主体及其关系，明确了价值流动的方向。因此，平台商业模式被赋予了价值流动的深刻内涵。

从互联网企业实践来看，价值流动被赋予了流量吸引、留存、变现等一系列环节，构成了"引流→流量分发→流量变现"的价值流动与创造逻辑，这与价值流动理论视角下的价值流逻辑是吻合一致。

因此，结合理论与实践，本文构建了平台商业模式的价值流动机理研究框架（见图5-3）。

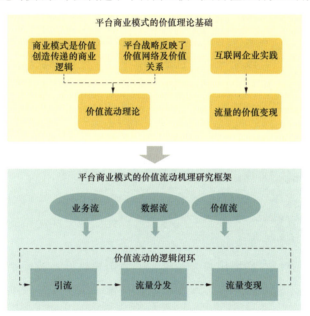

图 5-3 平台商业模式的价值流动机理研究框架

二、价值流动视角下智慧能源综合服务平台的特点与创新需求

（一）智慧能源综合服务平台的业务架构分析

基于价值流动理论，结合智慧能源综合服务平台的特点，可将其相关业务分成四大板块，即业务引流板块、平台核心板块、保障支撑板块、拓展延伸板块。

（1）业务引流板块。主要用于为平台引入客户流量与数据流量，实现各类资源的快速汇聚。通过引入客户流量，提升平台用户活跃度、扩大平台知名度、增加客户黏性，为平台其他板块的建设与运营提供客户资源；通过引入数据流量，为平台获取更多、更专业、更精准的能源数据，实现客户侧全面的状态感知，为平台开展用能分析、能效服务、行业研究等提供宝贵的数据资源。业务引流板块典型的产品服务有信息发布、数据补贴等。

（2）平台核心板块。作为智慧能源综合服务平台建设的核心内容，服务于个人用户和企业用户，赋能综合能源服务相关方，最大化实现智慧能源综合服务平台的功能。平台核心板块通过深化平台属性，降低信息不对称，减少中间环节，促进服务供需双方以更高的效率进行对接，同时为供给侧企业打造共赢的生态圈。多方协同的平台模式，既能丰富平台服务能力，促进平台自我进化、快速创新，也能灵活应对不同用户的需求。平台核心板块为不同类型的能源用户提供平台化服务，典型的产品服务包括应用市场、技术赋能、交易撮合、团购集采等。

（3）保障支撑板块。主要利用能源互联网企业的品牌背景优势，对平台用户进行公信力赋能。一方面，能够为能源服务商与产业链上下游企业的业务开展提供保障和支撑，降低其进入市场的风险；另一方面，通过为以面向终端用户的社会综合能源服务企业等开展保障支撑服务，使平台迅速赢得市场，最终构建互助共赢的生态体系。保障支撑板块的主要产品服务包括信用背书、能源保险、资质认证等。

（4）拓展延伸板块。该部分主要包括基于平台主要业务板块延伸出来的带有附加价值的平台业务类型。随着平台规模的扩大和各种服务的深入，新的用户需求和平台延伸服务逐步产生，其中包括公共能源云平台基础服务、大数据服务等产品服务。

四大板块共同构成了智慧能源综合服务平台的整体业务架构。从价值流视角来看，四大业务板块一脉相承，推动了智慧能源综合服务平台的价值创造逻辑。

（二）价值流视角下的智慧能源综合服务平台的创新需求

互联网助力产业转型是综合能源服务发展的重要契机，当前市场中面向综合能源服务的智慧平台各有短板，各类企业既有平台也无法充分满足市场需求。当前智慧能源综合服务平台商业模式创新面临四个方面的需求。

（1）吸引平台流量，增加用户参与度，形成用户黏性，挖掘平台潜力。通过增加客户流量，能够逐步建立客户黏性，配合相关技术手段进一步精准感知客户，挖掘更多用户需求。

（2）深化平台属性，以平台为核心，匹配供需双方利益，获取平台价值。针对综合能源服务不同供需方需求，建立产品、服务与技术等交易与共享平台。

（3）注重平台治理，以技术、管理手段，推动产业链上下游联动，形成良好生态与品牌优势。针对综合能源服务的资质认证、金融保险、信用担保等需求，以相关大型企业品牌形象作背书，发挥产业带动作用。

（4）拓展价值链条，动态管理平台业务功能，以需求为导向，创新商业模式。随着平台规模的扩大、行业发展水平提升，可针对动态发展的市场需求、行业技术水平等，创新商业模式，深挖平台功能。

随着互联网产业高速发展，互联网依托其便捷优势、扁平优势、规模优势、聚集优势和普惠优势，不断上演对传统产业的跨界颠覆，是现阶段综合能源服务发展的重要契机和必然趋势。但无论是互联网公司开发的智慧能源相关平台，还是能源企业建设的互联网平台，均存在业务规划不完善、数据业务融合不深入、网络资源调配不到位、终端应用水平不足、用户参与意愿低等短板，无法实现良好的使用效果和用户体验，商业价值未达预期。

因此，利用互联网思维，基于价值流动视角设计智慧能源综合服务平台商业模式，将有助于深刻理解、有效对接市场需求，创新平台发展模式。

三、智慧能源综合服务平台商业模式设计

（一）基于价值流动的商业模式逻辑

价值流动视角下，业务流、数据流、价值流共同构成了价值创造与流动的载体，为商业模式创新提供了明确的价值创造逻辑。他们都遵循了"引流→流量分发→流量变现"的流量流动逻辑。

在智慧能源综合服务平台的业务架构中，以业务流、数据流、资金流为主线逻辑，共同形成了一个互相联系、互为伴随、共同支撑平台运作的整体，充分厘清业务逻辑关系有助于平台建设运营更加全面化、科学化、生态化。

1. 业务流下的平台商业模式逻辑

从业务流来看，智慧能源综合服务平台商业模式的业务逻辑是：流量获取与积蓄→业务细分与价值变现→形态与流程优化→平台价值延伸和功能拓展。

一是业务引流板块主要作为平台基础功能进行流量获取与积蓄。通过信息发布吸引产业链上下游客户入驻平台，形成信息咨询的交互，逐步建立起客户黏性、平台规模，并通过数据补贴获取客户数据，以便精准定位客户画像，形成平台模式的业务基础。

二是平台核心板块主要进行业务领域细分以实现价值变现。依托于业务引流板块获取的客户信息与相关数据，为交易撮合、团购采集等提供交易信息与供需双方的匹配，为技术赋能、应用市场提供精准的需求定位，逐步形成各细分产品服务领域交易规模，实现流量的变现，深化平台属性与功能。

三是支撑保障板块主要是进行平台核心产品服务的形态与流程优化。在平台核心板块业务开展的基础上，通过对客户需求的进一步梳理挖掘，从品牌风险、信用风险、资金风险等角度，提供信用背书、能源保险、资质认证等相关保障型服务，以便支撑平台核心板块功能。

四是拓展延伸板块主要考虑平台价值延伸与功能拓展的未来发展需求。在整体业务逻辑的基础上，通过大数据服务、公共能源云平台基础服务等，为平台流量积蓄、客户留存、产品服务的流程优化提供支持。

2. 数据流下的平台商业模式逻辑

从数据流来看，智慧能源综合服务平台商业模式的业务逻辑是：数据获取→数据

分发与变现→数据沉淀与优化→数据管理与风险控制→数据价值挖掘与拓展。

一是从业务引流板块获取海量数据。通过数据补贴和信息发布等获取用户数据与能源数据，经由大数据分析计算提取关键信息，完成用户侧数据感知与精准用户行为画像。

二是衔接业务引流板块与平台核心板块以完成数据分发与变现。通过海量数据的获取和接入，为平台的核心业务与保障支撑业务服务，完成数据流量的分发和数据增值变现，实现基于用户需求的精准信息推送与不同用户的定制化服务。

三是利用平台核心业务实现数据沉淀与优化。涵盖应用市场、技术赋能、交易撮合、团购集采等产品服务的核心业务，经由一段时间的数据积累和沉淀，可以反馈用户数据的获取与分析，实现数据流的不断优化与升级。

四是以保障支撑板块实现数据管理与风险控制。保障支撑板块业务可以为整个数据流的流转升级提供全流程的风险防控与保障，确保数据获取、分发、增值变现过程风险可控。

五是利用相关拓展延伸板块功能形成数据价值挖掘与拓展。通过大数据服务、公共能源云平台基础服务等，进一步挖掘数据价值，实现平台功能的拓展。

3. 资金流下的平台商业模式逻辑

从资金流来看，智慧能源综合服务平台商业模式的业务逻辑是：资金投入与补贴发放→资金获取、沉淀→资金风险保障→资金渠道拓展。

一是业务引流板块需要前期资金投入（包括补贴投入），后期逐渐形成盈利，并依托其他业务利润进行资金反哺。在发展前期需要资金的流入，通过业务初期的信息资讯免费分发与能源数据监测点补贴投入，完成用户积累与数据获取，在业务中长期可以通过信息咨询的会员定制服务收取会员费和通过获取数据进行大数据分析服务收费。

二是依托业务引流板块建立的业务优势，通过其他板块业务获取利润。平台核心板块与保障支撑板块的业务主要完成资金的获取、积累与沉淀，通过核心业务向用户获取平台交易佣金、广告费、会员费、招投标服务费等，通过保障支撑业务向用户获取保障金与服务佣金等，为平台业务的引流、开展与运维提供资金保障，反哺于业务引流板块和业务延伸板块，不断优化升级获取长远收益，构建能源服务的资金生态。

三是依托保障支撑板块形成更多资金来源渠道，并防范资金风险。保障支撑板块除了获取平台型收益外，还对整个资金链条进行风险把控，实现资金的科学流转。

四是通过开拓拓展延伸业务以创新平台收益途径，创造更多利润价值。拓展延伸业务主要是考虑未来经济效益延伸，通过公共能源平台基础服务和大数据服务为平台挖掘潜在的商业价值，以期创造更大的平台经济效益。

（二）平台商业模式的价值流动路径与业务流程逻辑

借鉴互联网平台模式的逻辑思路，结合智慧能源综合服务平台的功能与定位，构建"引流→流量分发→流量变现"为价值流动路径的典型业务闭环流程图（见图5-4）。无论是业务流、数据流、资金流，都遵循这个价值流动路径，串起了四大业务板块，共同构成了智慧能源综合服务平台的业务逻辑。

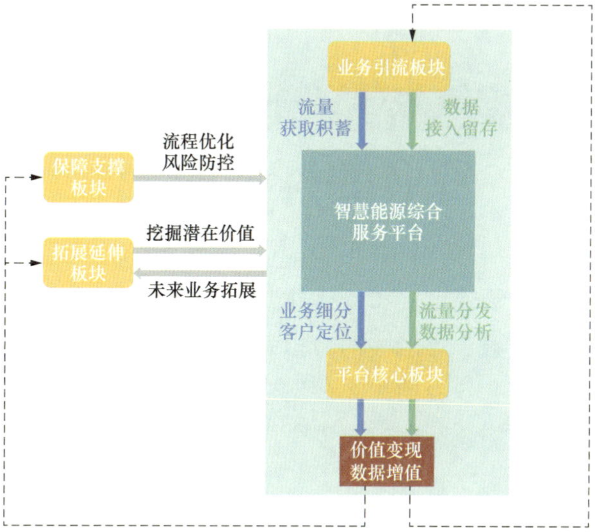

图 5-4　平台商业模式的业务流程闭环

引流是通过业务引流板块相关产品服务，为平台提供流量的获取与积蓄、数据的接入与留存；流量分发是利用平台进行流量与数据分析，形成明确的业务细分与精准的客户定位，搭建平台核心板块产品与服务；流量变现是通过各类产品与服务运营与开拓，实现价值变现与数据增值，并为引流板块提供资金支持与业务流程反馈；在此基础上，保障支撑板块、拓展延伸板块分别为"引流→流量分发→流量变现"这一业务流程提供流程优化与风险防控、潜在价值挖掘与业务拓展功能，从而为平台商业模式形成有力的支撑。

当然，这些业务板块在不同的业务阶段将发挥不同程度的功能，这也需要结合业务实践、发展周期等展开具体的分析，以发挥流量的最大功能和价值。

四、结论

本文基于价值流动理论，构建了平台商业模式的价值流动机理研究框架，并分析了业务流、数据流、资金流下的平台商业模式逻辑，他们都在"引流→流量分发→流量变现"的逻辑下推动平台商业模式的发展，从而形成了智慧能源综合服务平台商业模式的价值流动路径，推动了业务流程的闭环迭代。无论是业务流、数据流、资金流，业务引流板块都为整体业务流程与商业模式带来了流量引入与留存的基础，平台核心板块则发挥着流量分发、变现的功能，而保障支撑板块、拓展延伸板块则为流程优化、风险防控和业务拓展提供了支撑。

价值流动理论揭示了智慧能源综合服务平台商业模式的基本逻辑与业务流程，为智慧能源综合服务平台的研究与实践带来了全新的视角，也为未来业务培育、创新迭代提供了着力点。

赋能：绿色智慧物流赋能相关行业发展的探索研究

能源互联网具有广泛紧密连接和价值外溢的特点，可以对外实现共享和赋能潜力作用。通过与其他行业的融合，能够助力相关行业潜在效益的挖掘，充分体现能源互联网的共享价值，受到社会各界的关注和支持。四川中电启明星信息技术有限公司在开展绿色智慧物流、赋能物流行业方面进行了积极探索，对能源互联网生态价值的发挥具有借鉴意义。

本文以驻点调研方式深入跟踪绿色智慧物流业务发展情况，分析了其对能源互联网赋能行业发展的启示，并提出相关建议。

一、能源互联网赋能行业发展的意义

（1）体现推动和服务实体经济的经济责任。以国家电网公司等为代表的能源电力央企，在当前经济形势下更应体现骨干担当和中坚力量，在抓好自身发展的同时发挥优势，为行业发展注入动能，为实体企业转型升级创造条件，为振兴实体经济发挥关键作用。

（2）履行服务政府与保障民生的社会责任。能源互联网从政府迫切、民众急需的行业和难题入手，基于资源、平台和能力进行赋能，不仅可以支撑新型社会服务与治理体系建设，还可以提高居民生活质量，助力实现美好生活目标。

（3）促进发挥电网向能源互联网转型的战略价值。电网在现代能源体系中的枢纽地位日益突出，已成为新业务、新业态、新商业模式发展平台，通过共享赋能推动更多的行业和市场主体汇集在电网平台中，可以丰富共建、共治、共赢的能源互联网生态圈。

（4）创造能源互联网发展的良好环境。能源互联网对外部赋能，可使更多受众切实体会能源互联网的价值，在更大范围内扩大影响力，获得更广泛的社会各界支持，为能源互联网赢得更加宽松、广阔的发展环境和空间。

二、能源互联网赋能行业发展的方式——以绿色智慧物流为例

能源互联网可以通过多元的手段进行行业赋能，解决众多主体的痛点，实现综合价值。以四川中电启明星信息技术有限公司的绿色智慧物流为例进行分析。

（一）绿色智慧物流概况

绿色智慧物流是一种综合了新能源充电、交易撮合、运力共享、物流管理、园区

综合能源服务的新型业务，是物流和电力两个传统行业跨界融合的产物，也是能源互联网产业赋能的典型案例，能够有效缓解城市配送及其相关的交通拥堵和污染排放治理问题。

1. 发展背景

绿色智慧物流是在物流城配市场不断发展、车辆绿色化导向日益加快的背景下发展起来的，其目前尚处于发展初期，市场发展空间与政策支持力度大的同时，也面临着城配物流与新能源物流车两大行业本身问题带来的挑战。

发展机遇方面，城配物流市场空间大，多频次、时效性强的城配需求随着城镇化发展而日益增长，2021 年城配市场规模已超过 1.5 万亿元；同时，政府大力推进新能源物流车发展，工信部于 2023 年提出 2023—2025 年将在全国推动城配物流等公共区域车辆的全面电动化。根据预测，新能源物流车的潜在市场空间可达 300 万辆。

发展挑战方面，城配物流车辆运营混乱、拥堵问题严重，车货信息匹配弱，单车利用率低，平均装载率仅 52%；同时，新能源物流车充电难的痛点长期存在，对运力产生一定影响。

2. 主要业务实践

一是针对城配物流，布局充电场站建设，打造智慧物流网络。围绕城市物流园区科学布局建设充电场站，通过信息技术联动、盘活现有充电桩资源，形成线下智慧物流充电网络，满足物流园区周围 10 千米新能源物流车辆充电需求。同时，基于充电场站资源提供延伸类服务，如针对中小物流企业的共享仓储服务、针对物流车司机的充电场站餐饮休息服务等。

二是针对物流企业，构建智慧物流平台，提供多种线上服务。平台主要为物流企业提供多元化针对性服务，包括撮合交易、车队管理、车辆租售与其他增值服务。撮合交易方面，通过整车、拼单车货匹配，提升运输效率，降低物流配送费用 30%；车队管理方面，平台通过车辆监控，优化新能源物流车调度和物流路线，降低物流车用能成本；车辆租售方面，在平台上链接车源，为中小物流企业提供可靠的新能源物流车租售渠道，对纳入平台的车辆提供优先派单、地图找桩等服务，为线下充电场站引流。此外，基于平台物流与用能数据，还能提供企业征信服务、供应链金融服务、精准广告投放、车后服务（保险、违章查询）等其他增值服务。

三是针对物流园区，以充电业务为支点，拓展园区级综合能源服务。绿色智慧物流以充电网络资源为支点，能够进一步拓展针对物流园区的综合能源服务，包括储能、电力交易、能源托管代运、分布式能源等。储能服务方面，利用峰谷电价差，低谷蓄电高峰放电，满足峰期物流园区用电需求，同时消减需量电费；电力交易方面，协助物流园区制定有效的竞价方案参与购电，根据用户用电特性，制定未来购电计划；能源托管代运方面，基于物流园区的用能监测数据，提供能源运营及节能改造方案，帮助用户提高能效管理；分布式能源方面，物流园区铺设屋顶光伏，作为园区独立辅助电源，提供峰荷用电保障和紧急容量支撑。

（二）能源互联网赋能行业发展的手段

能源互联网可以通过网络、平台、技术、数据、市场、资金、管理等七种手段实现对相关行业赋能。具体来看：

（1）网络赋能。基于电网广泛可靠的基础设施和网络布局，为相关行业提供快速发展基础。如绿色智慧物流中，通过精准布局充电场站盘活已有充电桩资源，形成物流充电网络，以提供便捷的充电服务。

（2）平台赋能。发挥电网企业的平台型价值，汇集各类行业资源，推动行业各方协同发展。如绿色智慧物流中，通过构建系统撮合平台，整合运力、电桩、散货等资源，推动资源优化共享，促进桩-车-货联动。

（3）技术赋能。围绕电力消费、能源消费的深耕技术优势，满足行业发展的综合用能需求。如绿色智慧物流中，为物流园区提供储能、电力交易、能源托管、分布式能源等一体化技术解决措施。

（4）数据赋能。基于能源互联网海量数据和分析能力，促进相关行业的数字化转型发展。如绿色智慧物流中，基于物流运力数据与充电数据的关联累计，促进车货匹配，为物流业务的数字化、智能化奠定基础。

（5）市场赋能。基于能源互联网催生新业态的能力，促进相关行业增量市场的培育和发展。如绿色智慧物流中，并未"侵蚀"已有物流市场，而是催生和加速增量的城市新能源物流市场，扩大了市场蛋糕。

（6）资金赋能。基于电网平台的可靠公信力和融资能力，为相关行业发展解决关键的融资问题。如绿色智慧物流中，可为中小企业提供可靠的新能源车辆融资租赁渠道，有效降低较小企业的车辆投入成本高问题。

（7）管理赋能。基于能源互联网在精益管理、标准化等方面的优势，促进相关行业规范化科学化发展。如绿色智慧物流中，推进城市配送物流的行业标准、流程标准化工作，并提供司机培训服务，使业务不断规范化。

（三）能源互联网赋能行业发展的受众

一是面向政府和民众，解决区域管理难点，推动公共治理水平提升。如绿色智慧物流中，通过规范物流运作、加速资源共享、普及绿色运力，解决城配物流地面运营混乱、资源利用率低与污染问题严重三大核心问题，降低物流运营体系的综合成本，发挥缓解"城市病"、支撑商贸流通作用，逐渐成为城市公共交通基础设施的重要组成部分。

二是面向行业内企业，解决成本、效率问题，推动相关企业健康持续发展。如绿色智慧物流中，提供车货信息匹配、拼单撮合交易等，提升中小物流企业仓储设施利用率、车辆装载率、车辆管理能力、盈利能力，提升中小物流企业收益；通过平台搭建新能源物流车租赁渠道，降低换车成本，为中小物流企业带来更好的发展空间。

三是面向行业从业人员，解决工作环境问题，实现个人收入提高和能力提升。如绿色智慧物流中，为司机提供车-货匹配、车-桩充电，减少司机等待时间和里程焦虑，利用充电场站服务区为司机提供休息、餐饮等延伸类服务，并提供专业知识和能力培训。

（四）对外赋能促进能源互联网业务发展和生态布局

能源互联网发挥行业赋能作用，也可为能源互联网建设过程中的重点业务推进和生态圈建设带来积极作用，形成反馈联动的良性发展循环。以绿色智慧物流为例进行列举：

一是提供综合能源服务入口。城配物流平台的构建，积累的行业经验、能力和地位，可为进入市场空间巨大的物流园区综合能源服务（新能源物流车充电、冷库保鲜制冷、照明及大型设备用电等用能需求）提供切入点。

二是丰富行业中的征信资源。业务累积的物流大数据，可以成为电力数据的有益补充，提升征信业务的能力，为提供给金融机构、保险公司的增值服务提供支撑。

三是服务配电网规划。盘活桩企的存量资源，根据新能源物流车充电热点图，科学规划建设配电网，更好满足用户用能需求。

四是完善能源互联网生态圈。形成的新能源物流子生态圈可以成为完整生态圈的重要补充，推动生态圈的进化和提升。

三、相关建议

（1）关注细分市场涉及的延伸行业，发掘对外赋能方向。能源互联网涉及业务往往综合性较强，应深入分析各方互动关系、痛点需求、市场潜力空间等，发现优势机会。

（2）梳理协调能源互联网龙头企业的各类资源，形成企业对外赋能综合体系。能源互联网赋能涉及信息、技术、金融、能源等环节，通过建立资源协调小组，畅通能源互联网各类企业单位的合作渠道，形成企业对外赋能系统能力。

（3）充分发挥在延伸生态圈中的作用，形成良性反馈机制。对外保持开放性，发挥能源互联网产业龙头的连接、整合、协调和管理的角色，汇聚更多资源，建立与其他业务间的互动协同渠道，同步推进内外生态。

案例观察二：
"双碳"发展

　　本篇章主要针对"双碳"发展进行案例研究。在"双碳"背景下，围绕碳资产的管理与业务实践进行探索。

　　文章一从业务创新视角探索"双碳"这一大背景对能源电力格局带来的影响，建立碳新兴业务体系，并提出商业模式创新思路。

　　文章二主要是结合国内外能源电力企业实践经验，对比和分析相关的碳资产管理模式，提出"碳管理"的趋势和建议。

"碳业务"：碳新兴业务体系构建及商业模式创新研究

能源转型与"双碳"目标双重背景下，能源电力领域的碳管理、碳交易等活动日渐活跃，能源电力企业成为"双碳"领域的重要力量。2021 年 7 月 16 日，全国碳市场上线交易正式启动，2000 多家发电企业首批纳入碳市场。五大发电集团等能源电力企业迅速响应，加快开展碳资产管理实践，积极开展碳相关业务与管理活动。例如，国家电投碳资产管理有限公司致力于打造国家电投碳资产管理与低碳服务的平台与窗口，统筹考虑碳资产管理与综合智慧能源开发，拓展绿电、零碳、大用户等业务；中国华电碳资产运营有限公司成立于 2021 年 6 月 11 日，经营范围包括资产管理、低碳节能减排领域开发与服务、新能源发电的技术开发、电力设备的技术开发等。

随着能源电力企业纷纷入局碳市场、开展碳资产管理，有关"双碳"的业务将逐步形成，并成为相关企业布局和发展的重要方向。

一、碳新兴业务体系构建

（一）碳新兴业务相关概念

碳新兴业务与碳新兴业务体系是新名词，碳新兴业务体系涉及碳资产、碳资产管理、碳新兴业务等概念。一般认为，碳新兴业务是业务创新视角下的碳相关价值活动，碳资产管理则是管理视角下的碳相关价值活动，两者相互关联，均是围绕碳资产的价值活动，共同组成了碳新兴业务体系。

1. 碳资产

碳资产是指强制碳排放权交易机制或者自愿排放权交易机制下，产生的可以直接或间接影响企业温室气体排放的碳排放权配额、减排信用额及相关活动产生的价值。碳资产一般是以二氧化碳当量来计量的资产，需要经国际或国家官方机构核证认可。

碳资产类型主要包括配额碳资产和信用碳资产两种。其中，配额碳资产是通过政府机构分配或进行配额交易而获得的碳资产，是在"总量控制-交易机制"下产生的；信用碳资产也叫碳减排信用额或减排碳资产，主要包括企业内部通过节能改造活动减少的碳排放量、企业投资开发的减排项目产生的减排量等得到政府认可的碳资产，并在碳交易市场上进行交易或转让，是在"信用交易"机制下产生的。

2. 碳资产管理

碳资产管理是对碳资产进行科学主动的管理，且以碳资产获取、利润扩大、影响力提升、成本优化为目的的现代企业管理行为。也就是说，碳资产管理的优化与完善，将为企业带来"资产"增加，形成预期的收益和利润，否则可能造成企业碳资产负债。

从宏观政策背景来看，碳新兴业务与碳资产管理是国家绿色低碳发展下的必然产物，我国"双碳"目标的背后，实际上是推动绿色低碳转型升级，倒逼市场微观主体走绿色发展之路。在这个过程中，针对碳排放权的交易就成了绿色金融的一个重要内容，由此衍生出了碳新兴业务的巨大需求。

从企业自身发展来看，碳新兴业务与碳资产管理是企业低碳转型发展的必然要求，企业碳资产管理及碳新兴业务活动的目的是对接国家政策与行业发展要求，遵循碳排放权的规则和碳交易机制，实现企业碳资产的有效盘查、梳理和利用，实现企业经营发展理念转变、节能减排、资产保值增值，实现围绕"双碳"目标的业态模式创新。

3. 碳新兴业务

碳新兴业务是"双碳"目标发展相关的新兴业务，是业务创新视角下的碳相关价值活动。碳新兴业务形式随着碳市场的不断发展而更加丰富，常见业务形式包括碳盘查、信息公开、内部碳减排、碳中和、方法学开发、咨询规划、碳交易、碳金融等。

（二）体系构建与内涵逻辑

碳新兴业务体系的内涵逻辑如图 6-1 所示。能源电力领域的"碳新兴业务体系"，以服务"双碳"发展、推动能源转型发展、促进新型电力系统构建等为目标，将碳中和理念与碳减排技术深度嵌入既有业务和管理流程，或衍生发展新业态与新模式。其基础是碳资产及其相关的价值活动，所形成的各类业务即为"碳新兴业务"，与其相关的管理活动即为"碳资产管理"。

碳新兴业务商业模式是碳新兴业务下的商业运营逻辑，主要是针对"双碳"目标下产业链各环节、各市场主体的低碳发展与降本增效需求，通过一系列减排技术、资源整合与服务能力，为用户提供技术支持、资产管理、低碳设备、计量检测等创新服务，从而实现企业自身业务创新的同时为整体产业创造综合价值。

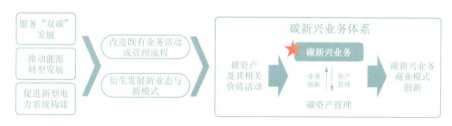

图 6-1　碳新兴业务体系的内涵逻辑

（三）碳新兴业务分类

碳新兴业务按价值环节可分为碳排放管理、碳资产开发、碳交易、碳金融、行业服务 5 类（见表 6-1）。

表 6-1   碳新兴业务的分类

类别	业务范围	业务名称
碳排放管理	涉及企业内部碳资产管理的流程环节，主要包括碳盘查、信息公开、企业内部碳减排、碳中和	碳盘查
		信息公开（碳排放披露、碳标签）
		企业内部碳减排（节能项目、碳捕集等）
		碳中和（碳汇等碳补偿项目购买）
碳资产开发	根据政策要求，开展 CDM、CCER 项目开发，以获取信用碳资产	CDM（清洁发展机制）
		CCER（国家核证自愿减排量）
碳交易	企业利用配额碳资产，或通过项目开发获取的碳排放核减量（信用碳资产），参与碳交易	配额碳资产交易
		信用碳资产交易
碳金融	将碳资产"资本化"后衍生的金融业务	碳金融原生工具（现货交易、碳债券、碳基金）
		碳金融衍生工具（碳远期、碳期货、碳期权等）
		碳金融创新衍生工具（碳质押与抵押、碳信托、碳保险、碳保理等）
行业服务	企业通过参与政策规划与标准制定、方法学开发与申报、规划设计与研究咨询服务等，提高企业的行业影响力，促进相关行业碳资产管理水平提升	参与政策规划与标准制定
		方法学开发与申报
		规划、设计与研究咨询
		碳资产评估与风险管理
		碳资产管理系统化解决方案

二、碳新兴业务分类分析和实践案例

（一）碳排放管理业务

1. 业务范围

碳排放管理业务涉及企业内部碳资产管理的流程与环节，往往需要企业内部各部门、各单位的协作分工，形成碳资产在数据与业务环节上的融通，主要包括企业内部碳管理、碳计量与监测、碳盘查、碳排放披露等。

企业内部碳管理的核心内容包括碳排放数据管理、碳资产管理与碳交易管理，包括整理和汇总碳排放量统计核算的原始数据和证据文件、填报控排企业年度碳排放报告、组织各职能部门配合核查机构完成碳排放核查等，以及对碳资产和碳交易的制度资金保障与管理等。

碳计量与监测是核算碳排放量的两种方法，是构建碳交易市场不可缺少的一个组成部分。

碳盘查是指以政府、企业等为单位计算其在社会和生产活动中各环节直接或者间接排放的温室气体。

碳排放披露是环境信息披露的一种，是指企业向公众公开碳排放管理战略、气候变化的潜在风险与机遇、碳排放量及排放强度信息。它是基于碳排放披露项目框架（Carbon Disclosure Project，CDP）、气候相关财务信息披露框架（Task Force on Climate-Related Financial Disclosure，TCFD）等特定框架开展（见图6-2、图6-3），通过企业年报、社会责任报告、董事会报告等途径披露碳排放信息，各企业在披露内容、方式等方面都存在较大差异。

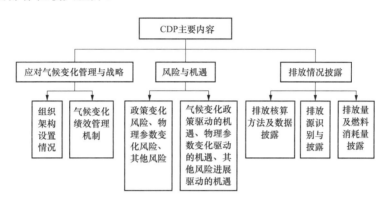

图 6-2　碳排放披露项目框架（CDP）

治理	战略	风险管理	指标和目标
披露组织机构与气候相关风险和机遇有关的治理情况	披露气候相关风险和机遇对组织机构的业务、战略和财务规划的实际和潜在影响	披露组织机构如何识别、评估和管理气候相关风险	披露评估和管理气候相关风险和机遇时使用的指标和目标

建议的信息披露	建议的信息披露	建议的信息披露	建议的信息披露
a）描述董事会对气候相关风险和机遇监控情况 b）描述管理层在评估和管理气候相关风险和机遇方面的职责	a）描述组织机构识别的短期、中期和长期气候相关风险和机遇 b）描述气候相关风险和机遇对组织机构的业务、战略和财务规划的影响 c）描述不同情境（包括2℃的情景）对组织机构的业务、战略和财务规划的潜在影响	a）描述组织机构识别和评估气候相关风险的流程 b）描述组织机构管理气候相关风险的流程 c）描述识别、评估和管理气候相关风险的流程如何与组织机构的整体风险管理相融合	a）披露组织机构按照其战略和风险管理流程评估气候相关风险和机遇时使用的指标 b）披露范围1、范围2和范围3（如适用）温室气体排放和相关风险 c）描述组织机构在管理气候相关风险和机遇时使用的目标以及目标实现情况

图 6-3　气候相关财务信息披露框架（TCFD）

2．案例分析

（1）案例一：英国国家电网公司研发取代六氟化硫（SF_6）的新材料。英国国家电网公司（National Grid Group，NGG）正在重点投资一项技术创新，以便实现对 SF_6 泄漏、捕获、清理和再利用的精准管理。此外，NGG 还与阿尔斯通科技公司合作，研发

取代 SF_6 的新型材料电网绿色气体 G3。预期 G3 取代 SF_6 后，温室气体效应将从目前 CO_2 的 22800 倍降至 345 倍，即发生同样体积的泄漏后，G3 的温室效应只有 SF_6 的 2%。

（2）案例二：美国电力公司针对电网传输环节的碳监测。美国电力公司（American Electric Power，AEP）积极监测关系能源转型的关键技术发展情况，在电网传输中，配备了更加精准的碳计量设备，重点对电力设备中的 SF_6 进行定位、测量和跟踪，实现对电网系统碳排情况的实时监测。

（二）碳资产开发业务

碳资产开发业务主要是指根据清洁发展机制（Clean Development Mechanism，CDM）、国家核证自愿减排量（China Certified Emission Reduction，CCER）等相关政策机制中的项目开发要求，独立或者合作进行的项目开发，以便获取信用碳资产。CDM、CCER 等均是温室气体减排的发展机制，围绕这些机制的碳资产项目开发即为碳资产开发业务，主要依托能够产出相应减排量的 CDM 和 CCER 项目，涉及 CCER 的政策规定、抵消机制、减排方法学等一系列工作，常见的风电、水电、光伏发电等都属于这一范畴。

CDM 是介于发达国家和发展中国家合作的一种清洁发展机制。基于温室气体影响的全球性、不同国家的减排潜力和成本不同、全球合作与减排的经济成本不同，京都议定书规定了温室气体减排的三种灵活机制，即清洁发展机制、联合履行（Joint Implementation，JI）、排放贸易（Emissions Trading，ET）。其中，JI 和 ET 为发达国家之间的合作，CDM 为发达国家和发展中国家的合作。2002—2011 年，我国主要参与国际 CDM 项目；2011—2020 年，我国在北京、上海、天津、重庆、湖北、广东、深圳、福建八省市开展碳排放权交易试点，开启了 CCER 机制。

CCER 是指对我国境内特定项目的温室气体减排效果进行量化核证，并在国家温室气体自愿减排交易注册登记系统中登记的温室气体减排量（此处主要参考了《碳排放权交易管理办法（试行）》中关于 CCER 的定义）。自愿减排项目减排量经备案后，在国家登记簿登记并在经备案的交易机构内交易。CCER 的核心机制包括项目签发、减排量计算、项目计入期、抵消机制等。我国的 CCER 体系是在前期充分了解并实践参与了国际上的 CDM 体系之后才启动的，起步时间是 2012 年 3 月，2017 年 3 月国家发展改革委暂停了 CCER 相关审批环节。目前，CCER 存量市场仍然参与碳市场配额清偿抵消，增量市场正在考虑重新开放。

（三）碳交易业务

1. 业务范围

碳交易业务主要是指企业利用配额碳资产参与碳交易市场，或利用碳资产项目开发获取的碳排放核减量开展信用碳资产的交易。参加交易的企业可以根据各自的配额进行调整，如果削减了排放量，就可以出售余量，或是把它存起来备用；如果用尽了现有配额，就需要购买更多的配额，而超出排放量配额部分的交易通常具有惩罚性质。

随着时间推移，政府可以降低排放量上限，让配额更加稀缺，加大价格压力，从而促进企业减排，以此释放市场竞争，推动节能和清洁技术的使用。碳交易的引入增加了高排放企业生产成本，有望实现落后产能出清，提升行业集中度。

碳交易市场不同于传统的商品交易，涉及多方参与，较为复杂。大体上，参与者可以分为供应方、需求方和中介机构。按照碳交易类型，包括碳排放配额（SHEA）交易、国家核证自愿减排量（CCER）交易，对应国内碳排放权交易市场的两种交易类型——总量控制配额交易和项目减排量交易，形成相应的交易产品——碳排放权配额和国家核证自愿减排量（CCER）。碳排放权配额为政府在总量控制的前提下将排放权以配额方式发放给各企业，属强制性减排。CCER 为前者的补充机制，企业通过自愿实施项目削减温室气体，获得减排凭证。自愿减排的企业可以通过交易 CCER 实现项目增收，减排成本高的企业可以通过购买其他企业盈余的碳排放交易权配额或CCER，以最低成本完成减排目标。

2. 案例分析

案例：新加坡能源公司（SP）碳证书交易平台。SP 作为有世界影响力的能源电力企业，2018 年推出了基于区块链技术的可再生能源认证（Renewable Energy Certificates，RECs）交易平台，该平台由 SP 的数字能源专家团队设计和建造，可以不分规模、行业和区域地为国内外能源生产和消费客户提供安全、完整、可溯源的 RECs 交易服务。在该平台中，买家根据偏好自动与全球各地的能源卖家匹配，从而帮助各类能源消耗主体实现自身的绿色目标，并借助 SP 的国际影响力更好地实现跨境可持续发展。目前，新加坡城市发展公司（CDL）、星展银行（DBS）等均已签约入驻平台，成为 RECs 买家，市场交易规模和平台影响力不断扩大。

（四）碳金融业务

1. 业务范围

碳金融业务可理解为碳资产"资本化"后的金融业务，包括现货交易、碳债券、碳基金等碳金融原生工具，碳远期、碳期货、碳期权等碳金融衍生工具，碳质押与抵押、碳信托、碳保险、碳保理等碳金融创新衍生工具。狭义的碳金融，即金融化的碳市场，围绕碳市场中的碳配额及核证减排量交易的相关金融活动，如世界银行在《碳金融十年》对碳金融的定义为出售基于项目的温室气体减排量或者交易碳排放许可证所获得的一系列现金流的统称。广义的碳金融泛指服务于碳减排的所有金融活动，既包括场内碳排放权配额及其金融衍生品交易，也包括场外基于碳减排的直接投融资活动和相关金融中介等服务。碳市场是碳金融的基础，碳市场的交易标的是碳金融的基础资产，碳金融产品主要是主流金融产品在碳市场的映射，碳金融不仅包括场内市场，还包括场外市场。

2. 案例分析

（1）案例一：英大信托发行"碳中和"资产证券化产品。2021 年 3 月，英大信托作为受托管理人、发行载体管理机构，携手国网国际融资租赁有限公司设立的"国网国际融资租赁有限公司 2021 年度第一期绿色资产支持商业票据（碳中和债）"成功发行。该项目规模 17.5 亿元，为国内首单"碳中和"资产证券化产品，被授予绿色等级最高级 G-1 级。项目资金最终投向 3 个水力发电、2 个风力发电和 1 个光伏发电清洁能源项目。

（2）案例二：国家开发银行碳中和专题绿色金融债券。2021 年 3 月，国家开发银行在北京面向全球投资人发行首单"碳中和"专题绿色金融债券，该期债券首场发行规模为 192 亿元，期限为 3 年，发行利率为 3.07%，认购倍数达 8.19。首场发行定价后，国家开发银行追加发行 8 亿元。票面收益率均低于同期限中债估值曲线收益率。这是目前全市场发行额最大的专项用于助力实现碳达峰、碳中和目标的绿色债券，主要用于风电、光伏发电等碳减排项目。

（五）行业服务类业务

1. 业务范围

行业服务类业务主要是指企业通过参与政策规划与标准制定、方法学开发与申报、规划咨询、平台建设等，提高企业的行业影响力，特别是方法学开发是企业获得碳资产管理行业话语权的最重要手段。

行业服务类业务形式较多，一般的碳资产服务机构提供碳审核、碳资产开发、碳交易、低碳研究与培训等业务，为企业客户提供碳核查、减排咨询、碳检测等；同时，碳资产服务机构还会积极打造碳资产管理平台，通过大数据、人工智能、物联网、区块链等数字化技术工具，实现碳资产智能化管理，如碳资产管理平台、碳排放管理平台、碳账户管理平台、碳足迹管理平台等。此外，碳资产服务机构还会提供系统的碳资产管理解决方案，为排放企业、环保企业、产业园区、政府生态环保管理部门等提供排放量化、碳减排服务、碳资产数字化管理及大数据开放平台建设的综合技术服务，满足企业碳资产"盘查、开发、管理、生态"等一体化服务，发展潜力巨大。

2. 案例分析

（1）案例一：美国道明尼资源公司（Dominion Energy）针对养殖业的碳捕获与减排项目。该公司发挥能源电力行业的技术和项目优势，建成面向大型养殖场的甲烷气体收集、运输、转化、销售系统，将甲烷转化为可再生天然气（RNG），助力养殖部门加速脱碳，实现经济效益、生态效益的有机结合。一个典型的 RNG 项目由 15～20 个养殖场组成，从养殖场的沼气池中全天候收集甲烷气体，然后通过低压传输线输送至中央转换设备，经过转化处理并达到相应标准后，即可接入市政天然气管道或各气站。其中，为美国最大的生猪养殖企业 Smithfield Foods 提供了 RNG 解决方案并联合开展项目建设。2018 年底，美国道明尼资源公司和 Smithfield Foods 联合出资 5 亿美元创建 Align RNG 公司，将 RNG 项目推广至 Smithfield Foods 旗下所有养殖场。目前，

Align RNG 已经开展运营项目 1 个、在建项目 2 个，规划到 2028 年总投资达到 10 亿美元。此外，还与 Vanguard Renewables 建立了合作伙伴关系，共同出资 2 亿美元针对美国奶牛场开展甲烷捕获工作。

（2）案例二：国网甘肃省电力公司"智慧观碳"平台建设。国网甘肃省电力公司围绕服务"双碳"目标，将电力数据作为实现"双碳"目标的切入点，建立"智慧观碳"平台，依托电能供给侧发电数据与企业用电数据，对碳排放数据进行实时监测及预测，通过数据多方计算、时空实时协同、政企联动施措、全力保碳合规等措施，助力甘肃电网加快实现碳达峰，推动甘肃省产业高质量发展和生态环境质量持续改善。国网甘肃省电力公司在已完成"'智慧观碳'决策分析平台"的基础上，创新构建碳排放、碳减排监测体系，对甘肃省碳排放、碳减排情况进行实时"全景画像"。设计规划"四平台七服务"，即智慧观碳、碳咨询、碳账户、碳运营四个平台，智慧刻画碳规划、碳金融、碳交易、碳税、碳审计、碳账户和碳积分七个服务场景，构建符合甘肃特色的"双碳"蓝图。

三、碳新兴业务商业模式研究

（一）碳新兴业务商业模式的目的

能源电力企业碳新兴业务商业模式主要围绕服务"双碳"发展目标、推动能源转型、促进新型电力系统构建等展开，重点涉及电力系统升级、产业链带动、技术创新等方面。

一是促进新型电力系统构建，针对电网改造升级的碳减排服务。综合运用"大云物移智链"技术，促进电网智能化升级和灵活性提升，提高电网新能源消纳能力，服务"双碳"目标实现。

二是助力电力产业链上下游碳减排的服务。针对电力供给侧和需求侧，提供促进新能源消纳、减少二氧化碳排放、减少能源消耗、提高能源效率的方案、技术等。

三是进行碳减排技术和关键装备创新研发，为碳业务提供基础性、通用性技术支撑而实施的业务创新。发挥在能源电力领域积累的专业技术经验，为客户提供低碳能源解决方案并组织实施低碳改造工程，满足其个性化要求，实现互利共赢。该业务门槛相对较低，市场成熟度已经比较高。

四是碳新兴业务商业模式，需要重点关注"双碳"目标下的用户需求、低碳技术与相关资源能力、碳减排产品与服务、盈利方式或主要效益等因素。

（二）碳新兴业务商业模式分类分析

1. 碳排放管理业务

碳排放管理业务商业模式主要有专业服务模式和分散管理模式两种，碳排放管理业务商业模式分析见表 6-2。

表 6-2   碳排放管理业务商业模式分析

商业模式	模式概述	用户需求	核心能力技术	产品服务类型	盈利与效益	实践案例
专业服务模式	由专业部门或企业统一进行集团内部的碳盘查、信息公开、企业内部碳减排等碳排放管理业务	精益化管理、成本控制等	完整的碳排放数据和碳排放管理技术	专业化统一运营、平台化管理	有利于集团统筹、获得额外收益、降低运营成本	法国电力集团各企业的碳排放管理业务均由法国电力贸易公司全权运营
分散管理模式	由集团内下属各单位自行开展内部碳盘查、信息公开、企业内部碳减排等碳排放管理业务	精益化管理、成本控制等	各单位专业性较强,碳排放来源复杂,具有碳排放管理技术	差异化运营、定制化解决方案	更具有专业性和针对性	荷兰壳牌下属控排企业自行开展属地化排放管理

2. 碳资产开发业务

碳资产开发业务商业模式主要有分享减排量收益模式和纯咨询模式两种,碳资产开发业务商业模式分析见表 6-3。

表 6-3   碳资产开发业务商业模式分析

商业模式	模式概述	用户需求	核心能力技术	产品服务类型	盈利与效益
分享减排量收益模式	与业主共担风险收益,由碳资产管理公司承担开发成本,免费为业主提供项目咨询服务,项目通过签发后,碳资产管理公司拿到20%~30%的项目减排量分成	资金技术不足,风险分摊	资金、碳资产开发服务能力	从资金、技术到项目实施等的全流程解决方案	项目减排量分成
纯咨询模式	根据咨询内容和范围(项目情况、减排量大小、项目所在地、资料收集、编制项目设计文件、协助业主填写备案文件和申报、协助联系审定和核证机构、编制节能量监测报告、协助寻找减排量买家)收取咨询费用,一般在 10 万~100 万元不等	碳资产开发技术服务	项目评估、市场预判、商务拓展的能力	咨询方案	咨询费收入

3. 碳交易业务

碳交易业务商业模式主要有碳排放配额(SHEA)交易、国家核证自愿减排量(CCER)交易两种,这两种商业模式完全不同,碳交易业务商业模式分析见表 6-4。

表 6-4   碳交易业务商业模式分析

模式(按现货产品交易标的不同)	交易整体概况	"双碳"目标下的交易方需求	碳减排产品与服务	盈利方式或主要效益	典型企业实践
碳排放配额(SHEA)交易	2020 年,全国 9 个碳市场配额总成交量约为 7800 万吨,交易额约 22 亿元;价格波动相对平稳,波幅收窄;交易主要集中在 8—10 月;协议转让方式占比超 3 成	当企业减排成本高于碳市场价时,会选择在碳市场上向拥有配额的政府、企业或其他市场主体进行购买,以完成政府下达的减排量目标	内部,建立内部碳交易体系和价格机制,内部调配碳配额;外部,通过碳金融工具和碳资产交易策略,完成碳交易机制下的排放配额要求	重点控排单位最大限度地降低企业碳排放合规履约成本	五大发电企业、中国石油等均成立了三级公司,统一代理公司对外的碳交易业务

续表

模式（按现货产品交易标的不同）	交易整体概况	"双碳"目标下的交易方需求	碳减排产品与服务	盈利方式或主要效益	典型企业实践
国家核证自愿减排量（CCER）交易	2020年，CCER全国年度总交易量6400万吨；成交均价同比大幅增长；基本为协议转让；交易主要集中在1、3月和6—9月	可再生能源企业可以生产CCER，通过参加CCER交易提升其竞争力	成立子公司/分公司，统一代理公司对外的碳交易业务	企业通过可再生能源项目申请CCER，一部分抵消碳排放，余下部分参与CCER市场交易，获取额外收益	四川广安爱众股份有限公司将旗下四川凉滩水电站二期工程项目CCER以协议转让的方式与柏能新能源（深圳）有限公司完成交易

4. 碳金融业务

如前所述，碳金融业务可理解为碳资产"资本化"后的金融业务，碳金融业务商业模式分析见表6-5。

表6-5 碳金融业务商业模式分析

类型	模式简介	"双碳"目标下的发行方需求	碳减排产品与服务	盈利方式或主要效益	典型企业实践
碳中和债券	指在现行绿色债券政策框架下，将募集资金专项用于清洁能源、清洁交通、绿色建筑、碳汇林业等具有碳减排效益的绿色项目，并由第三方专业机构对碳减排等环境效益进行量化评估测算，发行后持续披露项目进展与碳减排效益实现情况的一类绿色债券品种	企业募集资金用于具有碳减排效益的项目	建设清洁能源、清洁交通、绿色建筑、碳汇林业等项目	通过建设清洁能源、清洁交通、绿色建筑、碳汇林业等项目，实现盈利与减排效益	三峡融资租赁有限公司2021年度第一期绿色中期票据（碳中和债）成功发行10亿元，期限3年，票面利率3.3%，募集资金专项用于清洁能源项目
碳基金	由政府、金融机构、企业或个人投资设立的专门基金，致力在全球范围投资碳市场或温室气体减排、新能源项目，给予投资者市场收益回报，以帮助改善全球气候变暖	企业募集资金用于具有碳减排效益的项目或设立专门基金投资于减排项目	建设/投资清洁能源、清洁交通、绿色建筑、碳汇林业等项目	通过建设清洁能源、清洁交通、绿色建筑、碳汇林业等项目，实现盈利与减排效益	国家电力投资集团与协鑫（集团）控股有限公司达成战略合作，共同发起千亿级碳中和基金
碳远期、碳期货、碳期权等	以碳排放配额为标的、以人民币计价和交易的，在约定的未来某一日期清算、结算的远期协议	企业交易碳排放配额，实现未来碳排放满足标准	—	重点控排单位最大限度地降低企业碳排放合规履约成本	内蒙古包钢钢联股份有限公司购买岳阳林纸股份有限公司碳汇远期
碳配额/CCER质押	为担保债务的履行，符合条件的配额合法所有人以其所有的配额出质给符合条件的质权人，并通过交易所办理登记的行为	企业以碳配额/CCER为抵押，融入资金	—	资产利用最大化	埃文低碳科技有限公司质押CCER为借款提供担保，质押金额总计1618.81万元

续表

类型	模式简介	"双碳"目标下的发行方需求	碳减排产品与服务	盈利方式或主要效益	典型企业实践
借碳交易	符合条件的配额借入方存入一定比例的初始保证金后，向符合条件的配额借出方借入配额并在交易所进行交易，待双方约定的借碳期限届满后，由借入方向借出方返还配额并支付约定收益的行为	择时交易碳排放配额，通过价差实现盈利	—	价差实现盈利	—
卖出回购	控排企业根据合同约定向碳资产管理公司卖出一定数量的碳配额，控排企业在获得相应配额转让资金后将资金委托金融机构进行财富管理，约定期限结束后控排企业再回购同样数量的碳配额	融入资金	—	资产利用最大化	兴业银行与春秋航空股份有限公司、上海置信碳资产管理有限公司在上海环境能源交易所签署《碳配额资产卖出回购合同》，交易标的达50万吨碳配额

5. 行业服务类业务

以下介绍不同行业服务类业务的商业模式，行业服务类业务商业模式分析见表6-6。

表6-6　　　　　　　　行业服务类业务商业模式分析

类型	"双碳"目标下的用户需求	低碳技术与相关资源能力	碳减排产品与服务	盈利方式或主要效益
参与政策与标准制定	示范、引导，促进经济社会全面绿色转型	—	碳减排相关政策	社会减排效益、获得影响力
方法学开发与申报	—	碳核查、碳计量等理论研究能力	碳核查、碳计量等相关方法	获得专利权
规划、设计与研究咨询	碳减排项目的规划、设计，赋能企业经营管理	碳减排规划、设计与研究咨询能力	碳减排项目规划方案	收取项目服务费
碳资产评估与风险管理	评估碳资产，实现碳资产利用最大化，防范风险	碳资产评估与风险管理能力	碳资产评估与风险管理方案	收取服务费
碳资产管理系统化解决方案	利用数字化技术进行碳资产管理	碳资产管理系统开发能力	软硬件部署及信息化解决方案	收取服务费及设备费

（三）碳新兴业务典型商业模式分析

1. 资产开发咨询模式：某碳资产管理公司为京运通开发分布式光伏发电项目

（1）案例概述。海宁京运通50兆瓦分布式光伏发电项目，利用屋顶资源进行太阳能发电，年均发电量46376兆瓦·时，替代火力发电，每年减少温室气体排放38010吨，第一计入期（7年）减排量为266073吨。提高了海宁市新能源发电结构比例，降低了传统煤电能源的使用。开发成CCER项目以后，每年可以为业主增加100万元左右的额外收入。参与国内碳市场的建设，可以使项目兼具社会效益和经济效益；为减少温室气体排放工作作出积极贡献，实现城市经济—能源—环境的协调发展。

（2）商业模式分析。该公司的碳资产开发服务商业模式以咨询为主，下面从主要解决的需求、核心能力与技术、产品或服务类型、盈利方式或主要效益四个方面对其商业模式进行分析。

1）主要解决的需求：项目文件与监测计划编制，审定、核证机构的联系。

2）核心能力与技术：CCER 项目识别和评估能力、项目文件编制能力、项目审定申报能力。

3）产品或服务类型：项目节能评估报告、项目设计文件、减排量监测报告等。

4）盈利方式或主要效益：咨询费收入。

2. "碳聚合商"模式：国网（宁波）综合能源服务有限公司碳资产管理中心相关业务

（1）案例概述。国网浙江省电力有限公司宁波供电公司于 2021 年 5 月底成立碳资产管理中心，依托下属的国网（宁波）综合能源服务有限公司，充分利用其技术优势发挥"碳聚合商"作用，为企业提供碳聚合服务，主要包括碳账户运营管理、碳项目监测、碳资产开发、碳资产交易、金融增值服务等。

该公司定位于为企业服务的"碳管家"，利用区块链技术在宁波泛梅山智慧能源平台上开发了碳资产管理模块，从而能够为企业设立专门的碳账户，将企业的碳减排行动与节能工作通过现行的减排标准和专业机构转化为各类碳资产，并将分散的碳资产聚合到账户中进行集中管理，帮助企业实现碳资产的全流程服务及碳交易活动。在此基础上，帮助企业对接银行及金融机构，使企业获取合适的绿色金融服务。此外，国网（宁波）综合能源服务有限公司积极探索碳资产交易与碳金融服务，其开展的首笔碳资产交易就是基于其在宁波共投资建设光伏项目，将清洁能源发电抵消二氧化碳排放量通过国际绿证机构进行认证，获取一批国际绿证，并将其中大部分转售给新加坡公司 BITGREEN CARBON，用于企业自身碳中和，一小部分则作为碳资产经鄞州银行认证后获得相当数额的授信融资服务。

（2）商业模式分析。对国网（宁波）综合能源服务有限公司"碳聚合商"模式，从主要解决的需求、核心能力与技术、产品或服务类型、盈利方式或主要效益四个方面对其商业模式进行分析。

1）主要解决的需求：开发新的减排标准和碳资产；通过技术改造或改善经营等手段减少碳排放，通过碳交易市场出售节余的配额而获利。

2）核心能力与技术：清洁能源替代、节能改造等减排实施能力，以及技术开发能力。

3）产品或服务类型：基于区块链的碳聚合服务平台，为企业提供碳资产从申请、注册到签发的全流程服务；碳资产管理中心对接银行等金融机构，根据碳账户情况，为企业争取绿色金融的政策。

4）盈利方式或主要效益：平台服务费收入；碳资产开发、交易获得额外收入。

3. 平台系统建设模式：国网电商控股公司远光软件助力某大型央企打造碳资产管理信息平台

（1）案例概述。国网电商控股公司远光软件是碳交易产业联盟首届理事单位，在碳资产管理领域拥有一支专业的咨询团队，在碳配额、CCER、碳排放监测、碳交易、碳金融等领域均开展了长期、深入的研究。可为发电企业、电网企业及其他控排企业等提供碳排放管理体系框架、管理流程、组织架构、实施方案、评价标准等全体系咨询服务，支撑重点排放单位降低履约成本，提高碳资产运作效益，保障碳盈利，提升碳能专业化规范化管理水平，推动企业绿色低碳转型，助力全国碳交易市场发展。

国网电商控股公司远光软件为某大型央企打造碳资产管理信息平台，该平台可为该央企及其碳资产公司、28 个区域、100 多家火电厂、900 多家新能源电厂提供碳排放管理全过程的技术支撑。平台包含电厂信息管理、排放信息管理、对标信息管理、配额信息管理、交易履约管理、碳市场交易信息、碳排放报告管理、减排项目信息管理等功能。平台的顺利上线运行，有效助力盘活内部碳资产，提高企业整体效益。

（2）商业模式分析。对国网电商控股公司远光软件的平台构建模式，从主要解决的需求、核心能力与技术、产品或服务类型、盈利方式或主要效益四个方面对其商业模式进行分析。

1）主要解决的需求：碳排放管理、减排项目管理、节能服务及低碳学院等统一管理的信息化平台建设需求。

2）核心能力与技术：专业的咨询团队，在碳配额、CCER、碳排放监测、碳交易、碳金融等领域均开展了长期、深入的研究，且具有丰富的信息化建设经验。

3）产品或服务类型：企业低碳发展咨询，企业碳排放管理体系规划，企业碳减排项目资产与价值管理，差别化电价机制咨询等。

4）盈利方式或主要效益：平台项目建设服务费收入、咨询项目收入。

四、电网企业碳新兴业务发展策略与举措建议

（一）电网企业碳新兴业务发展策略

碳新兴业务体系发展的核心是碳新兴业务，通过分类实施业务策略，明确业务发展方向和重点，能够有效地实现业务创新。以下从五大类业务，分别制定业务发展策略。

（1）碳排放管理业务，以加强内部管理为核心，实现数据管理与服务的统一。一方面，加强排放管理，开发电网节能减排技术，充分体现在行业减排中的价值与责任担当；另一方面，建立碳管理办法与相关制度，明确碳排放监测、核查的工作指南，

以及碳资产开发、交易的相关管理规定。此外，需要实现碳排放数据的汇集、统一管理和应用，实现更加高效精准的对内对外服务。

（2）碳资产开发业务，提前布局资产开发项目与方法学研究，构建业务生态。一是密切跟踪 CCER 项目申报的重启，提前布局信用碳资产开发（如综合能源服务、光伏扶贫、绿氢等领域）；二是促进减排方法学研究，梳理已有减排方法学，扩大潜在方法学的开发（如电能替代、抽水蓄能等领域）；三是以自身业务为中心构建碳新兴业务生态，整合各类专业公司机构的资源能力，实现一体化的运营能力。

（3）碳交易业务，主要遵循政策和交易规则，前瞻性开展电碳市场协同。政策方面，及时跟踪要求，明确参与碳市场交易的有关政策要求；市场方面，发挥电力市场优势力量，前瞻性开展电碳市场协同等研究。

（4）碳金融业务，创新金融产品，支撑科技成果转化与创新业务开展。一方面，开发支撑绿色项目的产业投资基金，助力碳减排项目、绿色科技成果的转化；另一方面，开展碳金融产品的研究创新，支撑行业碳资产开发与管理中的需求。

（5）行业服务类业务，构建统一管理平台，将促进行业减排作为重点工作，发挥对内对外的产业赋能价值。依托碳管理统一平台构建，实现对内对外的产业赋能价值，特别是面对各地中小能源企业的碳排放管理能力不足及需求迫切问题，形成碳排放管理系统解决方案。此外，将促进行业减排的贡献和价值作为碳信息披露的重点，积极引导推动行业碳排放披露框架的制定。

（二）重点举措

有关研究表明，数据、技术、交易是碳新兴业务体系发展的关键要素。其中，高质量的碳排放数据是碳业务与管理的基础，监测、报告、核查是碳市场平稳运行的基本要素，特别是利用数字化技术和手段支撑碳新兴业务与碳资产管理的开展已成为普遍共识。结合电网企业数字化转型趋势，本文从数据应用、平台支撑、咨询服务三个方面，提出碳新兴业务体系发展的重点举措。

（1）数据应用方面，重点发挥电力数据价值与技术赋能水平。

1）发挥电力大数据的汇集价值。利用电网企业掌握的发电、用电、跨省区送电等数据，以及能源大数据中心汇聚的煤油气等数据，可支撑国家开展能源电力碳排放因子测算等工作，发挥电网在电力减排中的枢纽作用。

2）利用"数据+技术"赋能减排场景。深度挖掘数据资源价值，综合运用"大云物移智链"等技术，支撑电网企业开展碳盘查、碳计量与监测、碳足迹溯源、碳信息披露，服务政府、行业与企业。

（2）平台支撑方面，推动碳管理平台部署、服务供应链减排。

1）推动碳管理支撑服务平台的建设部署。在已有相关平台上部署开发碳中和支撑服务平台，衔接各类专业平台资源，以平台数字化支撑，对内承载碳业务与碳管理功能，对外赋能产业发展。

2）服务供应链企业碳减排。积极推动和服务产业上下游、中小企业的低碳减排工作，促进绿色供应链建设，如建立低碳供应商评价体系。

（3）咨询服务方面，构建数字化的咨询服务体系与碳信用体系。

1）开展碳咨询与研究服务。利用碳管理与碳业务研究模型，开展碳数据服务、碳新兴业务商业模式等方面的研究咨询服务。

2）研究推动碳信用体系。基于能源大数据、可信区块链等，开发碳信用服务的支撑体系，支撑碳交易信用管理能力提升。

"碳管理"：国内外大型能源电力企业碳资产管理实践对比分析

从 2011 年北京、上海、深圳等 7 地启动地方碳排放权交易试点以来，油气、电力、热力、航空等诸多行业的企业逐渐意识到碳排放权将会被作为企业的一项重要资产。随着 2020 年"双碳"目标的提出，碳减排对企业发展的重要性进一步提升；随着 2021 年全国碳市场正式启动上线，更多的行业企业将碳资产管理提升到了企业战略的高度，碳资产管理日益成为能源电力企业助力实现"双碳"目标的重要手段。能源电力企业应充分发挥价值，利用自身数据、资金、技术优势进行碳资产优化管理与行业赋能，促进我国碳市场良性发展。

本文从目标定位、管理模式、服务支撑、业务拓展四个方面对比了国外能源电力企业与国内能源电力央企的碳资产管理实践经验，以期为相关企业提供启示借鉴。

一、国外能源电力企业碳资产管理实践

从英国石油公司（简称 BP 公司）、荷兰皇家壳牌石油公司（简称荷兰壳牌）、法国 Engie 集团（简称法国 Engie）、法国电力集团（简称法电集团）、美国埃克森美孚公司、挪威国家电力公司 6 家国外油气、电力企业的碳资产管理与实践来看，国外大型能源企业很早就参与碳市场并开始碳业务布局和碳资产管理，在制定减排目标、碳资产管理、碳资产赋能与服务、碳市场交易等方面具有丰富的实践经验。国外大型能源企业碳资产管理实践见表 6-7。

表 6-7   国外大型能源企业碳资产管理实践

企业	碳资产管理实践
英国石油公司	1）集团设立碳资产管理部门，负责整个集团的碳资产管理。 2）集团的每家实体企业都有碳排放工作组和管理委员会，负责温室气体监测、报告、核查和企业所在区域碳排放控制履约。 3）陆续加入欧盟、澳大利亚、新西兰、美国、中国的碳市场。 4）将企业的员工绩效工资与企业低碳减排目标挂钩。 5）具备内部碳交易体系和价格机制，通过内部碳配额调配和交易实现了内部合规履约成本最小化
荷兰皇家壳牌石油公司	1）集团层面成立新的二氧化碳部门，制定低碳战略、开发相关技术。 2）在欧盟碳交易市场运行前就部署了平台参与碳交易。 3）陆续加入欧盟、加拿大、中国的碳市场。 4）通过完善内部碳交易体系，实现企业履约成本最小化

续表

企业	碳资产管理实践
法国 Engie 集团	1）将碳减排纳入首席执行官和执行团队绩效目标和财务薪酬体系。 2）统筹碳预算和资金划拨，分配给集团的主要实体；将碳评估纳入投资决策流程，并与碳预算保持一致；将碳定价纳入投资评估体系。 3）集团层面不断加强碳盘查管理，定期审查碳排放预测结果。 4）集团下属的碳资产管理公司 Engie Impact，为外部企业提供碳资产解决方案，帮助客户逐年汇总、盘查和跟踪碳排放量
法国电力集团	1）总部能源优化部门的碳策略小组整体协调集团碳经营活动。 2）集团碳资产由下属法国电力贸易公司进行集中统一运营。 3）法国电力贸易公司通过碳资产盘查、授权集团企业碳交易等实现对内支撑作用，对外积极参与多方碳市场，盘活内部资产并获取收益。 4）法国电力集团参与了欧盟和英国的碳市场。 5）建立了专业的碳咨询和技术服务团队，进行了相关业务风险评估，开启碳排放交易业务并管理千万欧元的 EDF 碳基金
美国埃克森美孚公司	1）美国埃克森美孚公司的低碳战略是短期增加能效，近期或中期内实施被证明有效的碳减排技术，长期寻求突破性的发展模式。 2）明确碳管理目标，对碳减排幅度和能效指标进行量化管理。 3）积极参与温室气体核算与报告、企业内部碳排放监测等。 4）主要参与欧盟、美国加州、新西兰和加拿大的碳交易市场
挪威国家电力公司	1）将环境等可持续发展问题纳入公司治理体系。 2）目前可再生能源发电占 92%，未来只投资可再生能源。 3）积极参与碳市场，开展项目减排、碳交易及投资组合管理等碳资产管理业务，为客户提供碳资产管理服务

国外能源电力企业碳资产管理实践具体如下：

（1）在碳减排目标方面，国外大型能源企业将减排目标纳入企业战略并积极进行碳盘查与碳排放披露。

BP 公司、荷兰壳牌等企业将减排目标纳入企业低碳发展战略中，把碳资产管理融入财务薪酬、绩效管理等环节中，针对低碳战略设定战略路径与行动方案，推动落地实施；依据气候变化管理和披露的相关框架，主动进行碳盘查与碳排放披露，碳排放披露信息详细、全面、及时，BP 公司从生产经营各环节出发，定期盘查并披露温室气体排放数据及愿景。

（2）在管理模式方面，国外大型能源企业对碳资产管理实施集团统一管控和指引，下属公司有"属地化分散管理"和"专业公司统一管理"两种运营模式。

集团层面，设置专门的碳排放管理部门与集团内部支撑平台，进行碳资产的统一管控和指引，如 BP 公司从集团层面开展碳资产管理顶层设计，掌握全集团碳排放状况，规模化、专业化地管理集团碳资产。BP 公司碳资产管理架构如图 6-4 所示。

下属企业层面，根据自身情况开展差异化的碳业务运营，如荷兰壳牌等由下属控排企业开展属地化碳资产管理，负责本企业温室气体的监测、报告、核查和企业所在区域碳排放控制履约等；法电集团下属企业的碳资产管理业务均由集团下属的法国电力贸易公司全权运营开展[❶]。

对比来看，由于油气行业各环节排放多、排放源类型复杂，且参与不同规则下的多国碳市场，国际油气企业一般由各属地公司负责碳资产管理，集团层面主要进行战略指引；电力行业具有碳排放来源单一化、数据相对完整的特点，因此，国外电力企业一般采用集团化统管的方式。

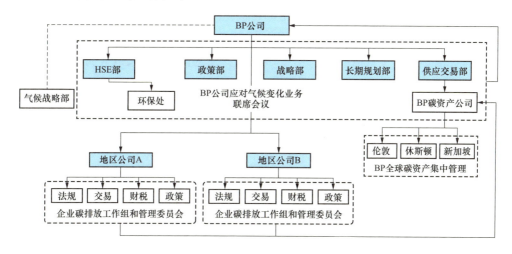

图 6-4　BP 公司碳资产管理架构

（3）在碳资产管理赋能与服务方面，国外大型能源企业依托平台、专业公司，对内提供技术支撑，对外实现服务赋能。

对内支撑方面，BP 公司、荷兰壳牌等在集团总部设立碳资产管理平台，在碳减排解决方案、技术咨询、安全合规风险等方面为下属企业提供支撑；法电集团由下属法国电力贸易公司为下属企业的碳盘查、交易授权等提供统一支撑。

对外赋能方面，部分企业由专业碳资产管理公司为外部提供系统建设、咨询设计等服务，如法国 Engie 成立 Engie Impact，专门为外部企业提供市场化的碳资产解决方案，开发 Ellipse 碳智能平台支撑其他企业建立碳足迹、设计脱碳战略、绘制进度图并优化投资。

（4）在参与碳市场交易方面，国外大型能源企业灵活构建内部交易体系，积极参与外部各区域碳市场，创新应用碳金融工具盘活碳资产。

内部交易方面，BP 公司、荷兰壳牌等建立了内部碳交易体系和价格机制，基于各下属公司碳排放情况及多个属地碳市场的特点，将碳排放权配置到边际减排成本最小的下属公司，通过内部碳配额调配，最大限度地降低集团碳排放合规履约成本。

---

❶ 法国电力贸易公司是法国电力集团（简称法电集团）百分百控股的子公司，为法电集团碳资产提供专业化运营，负责预测集团碳配额缺口，在发展中国家、欧洲开发 CDM 项目获取经核证的排放量，通过碳金融产品和碳资产交易策略，满足集团减排需求、对冲风险、增加市场收益。此外，其还为第三方客户提供广泛的专业市场准入、资产优化、风险管理、供应和物流服务。

外部市场方面，法电集团、挪威国家电力公司通过置换、掉期、对冲等碳金融工具和碳资产交易策略，完成了欧盟碳交易机制下的排放配额要求，并将碳配额合规履约下的"限制"转化为可交易可增值的"资产"。

二、国内能源电力企业碳资产管理实践

根据对中国石油天然气集团有限公司（简称中国石油）、中国石油化工集团有限公司（简称中国石化）、中国海洋石油集团有限公司（简称中国海油）等"三桶油"，中国华能集团有限公司（简称中国华能）、国家电力投资集团有限公司（简称国家电投）、中国大唐集团有限公司（简称中国大唐）、国家能源投资集团有限责任公司（简称国家能源集团）、中国华电集团有限公司（简称中国华电）等五大发电集团，以及中国广核集团有限公司（简称中广核）九家企业的研究分析，国内大型能源电力企业碳资产管理的运行机制和实践经验还不够完善，通过各地碳市场试点，在合规履约、市场交易等方面积累了一定经验。国内大型能源企业碳资产管理实践见表6-8。

表6-8　　　　　　　国内大型能源企业碳资产管理实践

类型	名称	管理部门	开展工作的部门或企业单位	业务范围	平台部署
油气企业	中国石油	质量安全环保部绿色低碳处	1）地区公司"企业碳排放工作组和管理委员会"各自统筹。 2）下属研究院负责碳盘查、碳排放披露等技术支持。 3）中油资产负责碳交易	碳盘查、碳排放披露、碳交易	——
	中国石化	能源管理与环境保护部绿色低碳处	1）科技部、发展部、财务部、事业部分工协管。 2）各子公司负责其碳资产管理。 3）下属的联合石化公司作为操作主体代理碳交易。 4）合资企业石化盈科提供碳资产管理系统	项目开发、方法学与减排技术等科技开发、碳盘查、碳交易	碳资产管理系统
	中国海油	质量管理部（QHSE部）	在中海油能源发展股份有限公司下属的安全环保公司设立节能减排监测中心，提供节能、低碳、环保等碳资产管理相关业务活动	碳交易、碳金融、碳盘查、科技开发、咨询规划	碳资产开发及管理平台
发电企业	中国华能	科技环保部环保处	1）华能碳资产经营有限公司（三级公司二级管理）作为集团碳排放核算及碳交易咨询服务指定供应商。 2）具有河北、四川、海南等地碳排放权核查第三方机构资质	碳资产综合管理系统、碳盘查、CCER、碳交易、碳金融	温室气体数据报送系统；排放统计、指标调剂及优化系统
	国家电投	安全环保部	1）北京电能碳资产管理公司（三级公司）是集团碳减排与碳资产统一管理的支撑单位。 2）为集团内、外的控排企业和新能源客户提供碳减排与碳资产管理方面的服务	碳盘查、CCER、碳交易、碳金融	集团化碳排放管理系统

类型	名称	管理部门	开展工作的部门或企业单位	业务范围	平台部署
发电企业	中国大唐	战略规划部	大唐碳资产有限公司（三级公司二级管理）负责统筹国内国际两个市场，推进绿色咨询服务、低碳资产运营、绿色金融、低碳投资"4个板块"建设	碳盘查、CCER、碳交易、碳金融	集团内部碳排放管理信息化平台
	国家能源集团	安全生产部科技环保处碳资产管理中心	龙源（北京）碳资产管理技术有限公司（三级公司）协助集团建立"统一管理、统一核算、统一开发、统一交易"的"四统一"碳资产管理体系	碳资产管理技术开发、技术咨询、清洁能源技术研发和应用、碳交易	碳资产管理信息系统、碳资产交易操作平台系统
	中国华电	创新发展部碳排放管理处	中国华电碳资产运营有限公司（三级公司）主要为集团所属基层控排企业提供碳资产管理及其他延伸服务	碳交易、碳金融、系统开发与管理	碳排放电子报送系统
	中广核	—	中广核碳资产管理（北京）有限公司（中广核资本全资子公司）是集团唯一碳资产管理和交易平台	碳交易、碳金融等金融板块业务	集团碳资产管理和交易平台

国内能源电力企业碳资产管理实践具体介绍如下：

（1）目标定位方面，我国大型能源企业目前仍以合规履约为主要目的开展碳资产管理工作。在统筹完成碳减排目标的前提下，积极参与碳交易试点，创新探索碳资产相关业务。

我国能源企业碳资产管理体系正在不断完善成熟，目前主要履行碳减排任务，参与碳市场交易正逐步活跃。国家能源集团、中国大唐、中国石化等重点控排企业，通过能效管理、可再生能源开发等方式优化内部减排管理水平，以最低成本满足温室气体排放合规履约，积极参与碳交易试点；中国华能、中国海油等已开始布局碳金融、平台建设、减排项目开发等相关业务，在合规履约的基础上逐渐向碳资产管理业务创新和行业赋能等方面综合发展。

（2）管理模式方面，能源企业均已在集团层面明确碳资产管理的归口部门或办公机构，通过"集中归口管理"和"专业部门统筹+多部门协管"两种模式进行管控。

五大发电集团、中国石油、中国海油等均采取"集中归口管理"的管控方式，大多在发展、科技、环保、安全等某个职能部门设立办事机构，统筹碳资产管理；中国石化采取"专业部门统筹+多部门协管"的管控方式，其总部的能源管理与环境保护部绿色低碳处负责碳资产的专业统筹管理，并由发展、科技、财务等部门分工负责碳资产相关的项目审批、科技开发、会计审核等职能。中国石油、中国石化碳资产管理架构如图 6-5、图 6-6 所示。

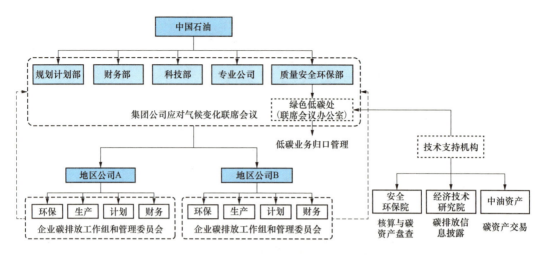

图 6-5　中国石油碳资产管理架构

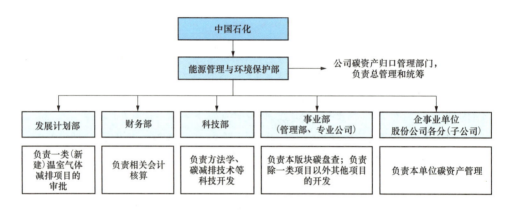

图 6-6　中国石化碳资产管理架构

(3)体系机制方面,能源企业均已完成了碳资产的全面系统盘查,并通过部署平台实现了数据汇集和监测,部分企业初步实现了碳资产的内部调度、优化与开发。

目前,国家电投、中国大唐部署建设了碳排放信息采集、数据统计等数据管理类平台;中国华能构建了排放指标统计、调剂及优化系统,国家能源集团构建了碳资产交易操作平台系统,均定位为碳资产调度的支撑平台,实现了集团碳排放统一平衡后再向市场调剂余缺;中国石油由其技术支持单位安全环保院负责核算和碳资产盘查;中国石化由地区公司各自负责内部碳资产管理,其合资企业石化盈科信息技术公司开发了碳资产管理系统,为石化各地区公司提供碳资产管理的整体解决方案。

(4)碳交易及衍生业务开拓方面,能源企业均通过委托下属单位实现碳交易业务的对外统一,并利用碳交易带动碳金融、减排项目开发等新兴业务的开展。

五大发电企业、中国石油等均成立了三级公司,统一代理公司对外的碳交易业务,且多以配额碳资产的履约交易为主,少数涉及信用碳资产交易,部分企业涉足了碳金融等其他业务的探索和布局;中国海油控股的中海油能源发展股份有限公司,已形成了相对完整的碳资产管理价值体系和业务链条，覆盖碳排放管理、碳资产开发、碳交易、碳金融、行业服务五大类业务；中广核下属中广核碳资产管理（北京）有限公司作为集团内唯一的碳资产管理和交易平台，在集团金融业务板块下开展信用碳资产交易及相关业务。

三、对能源电力企业开展碳资产管理的思考

鉴于能源电力企业在促进碳减排方面发挥着重要作用，其可以在促进能源行业碳减排、信用碳资产开发和行业碳服务等方面积极作为、展现担当。具体建议如下：

（1）将促进行业减排的贡献和价值作为碳信息披露的重点，积极推动行业碳排放披露框架的制定。企业可通过完善社会责任报告制度，充分展现在促进行业碳减排方面的贡献，包括开展绿色供应链碳管理等。同时，参考国际碳排放披露经验，积极辅助推动政府部门、行业协会等建立适应国情、适合能源电力行业的碳排放披露框架、碳核算标准、减排方法学等，引导形成科学的碳排放披露机制。

（2）发挥企业自身的碳资产开发优势，充分挖掘碳资产项目的市场价值。积极开发减排项目、形成 CCER 认证碳资产，在金融领域鼓励创新碳金融产品与服务，在产业领域重点促进开发清洁能源、综合能源服务等领域碳减排项目，在研究领域重点做好节能降碳技术研发，合力推动企业相应领域碳资产规模扩大和市场价值提升。

（3）对外拓展碳资产行业服务，重点关注提升相关中小企业的碳资产管理能力。随着《2030 年前碳达峰行动方案》的发布，各地区梯次有序碳达峰行动将全面启动。面对各地中小能源企业的碳排放管理能力不足及需求迫切问题，企业可依托技术和产业优势，形成面向各行业的碳排放管理相关解决方案，形成碳新兴服务领域。

展望漫谈

本篇章是关于新产业、新业态、新商业模式实践中的零星思考与感性展望，在本书中尚未形成系统性的理论或方法。因而，本书作者以问题式、启发式等方式对一些热点话题和关键词进行评论和理解，以期为未来的研究实践提供更多视角的启发。

文章一探讨市场需求的"被误解"和"被忽视"。需求在经济学、管理学、心理学中都是重要的概念，马斯洛需求理论的讨论和应用已经从学术界扩展到日常生活。对市场需求的理解和认知，需要源于对这些学科的理解，也需要对生活常识的体验和感知。也就是说，借助技术手段和工具方法的同时，也需要感性认识——对市场和用户进行用心刻画，这就是本文所要传达的观点。

文章二探讨"用户行为刻画"。不同于一般互联网，能源互联网兼具消费互联网和产业互联网的属性，且其固有的"电力基因"与庞大的"数据基础"决定了其用户行为刻画的复杂性。笔者试图从用户参与商业模式创新的角度找出用户行为刻画的要义，并介绍了用户行为刻画的技术前瞻，以期抛砖引玉，引发更多讨论与思考。

文章三探讨流行词汇"互联网思维"。这是一个被广泛应用甚至滥用的"新鲜"词汇，但其背后仍然包含着一种"勇立潮头""创新进取"的行业风气或企业家精神。笔者借助互联网思维的逻辑与内涵，试图找出推动能源互联网企业发展的几个关键词，强调"能源互联网企业"要将"能源""企业"与"互联网"有机融合。

商业模式的起点：我们真的
了解市场需求吗？

分享一组有趣的图片（见图 7-1），新手父母会为自己的宝宝挂上床头摇铃。在商家的精心设计下，床头摇铃不仅有各种可爱的小动物，还会转圈、发光，甚至还有儿歌与摇篮曲。旁观者看去，宝宝处于一个声色兼具的全沉浸式体验之中。然而，从宝宝的视角去看呢？看到的都是小动物的屁股，且不说宝宝是否有对这一区别的认知能力，这组图片也许从某方面表明，有时候商家并不是真的了解用户需求，甚至是市场的需求。

图 7-1　宝宝对床头摇铃的"沉浸式用户体验"❶

用户需求是市场需求的最主要组成部分。市场需求作为商业模式的起点，其界定了商业模式的边界与范围，并成为判断和感知用户真实需求的桥梁。

成功的商业模式通常是有着一定的科学设计和思考，并在实践过程中不断校验、迭代、完善而最终形成的。这种科学设计和思考，往往就是一个业务项目的前期设计阶段，其核心就是市场需求及用户特点的分析和预判。

---

❶　图片由 Abstract M 阿沐阿沐文化工作室陈闪设计师绘制提供。

一、市场需求：叫好的不一定叫座；看衰的不一定不行

市场需求是市场营销学的常用概念，它是指在特定的地理范围、特定时期、特定市场营销环境、特定市场营销计划的情况下，特定的消费者群体可能购买的某一产品总量。市场需求核心在于两点：一是消费者愿意购买，即有购买的欲望；二是消费者能够购买，即有支付能力。两者缺一不可。

市场需求的错判究其根本就是错判了消费者的购买意愿或支付能力，因而往往会出现两种典型的状况，即叫好的不叫座，看衰的反而打脸。

（一）叫好不叫座：新能源汽车的一个早期调查案例

笔者于 2014—2015 年开展新能源汽车研究，那时正是新能源汽车产业发展的初期，公共交通领域示范运行如火如荼，但私人消费市场呈现"叫好不叫座"的现象。因此，笔者进行了大量的实地用户调研，对公众认识、购买意愿、环境价值等进行了交叉分析，节选部分研究结果如图 7-2、图 7-3 所示[1]。

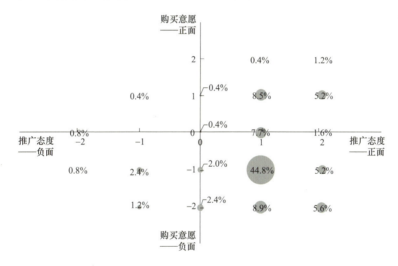

图 7-2　公众对新能源汽车推广的推广态度与购买意愿的交叉统计

如图 7-2 所示，根据公众对新能源汽车推广的推广态度与购买意愿的交叉统计分析显示，超八成的受调查者对新能源汽车的推广持非常正面的态度，但其中六成明确表示当下不愿意购买。简而言之，"值得推广，但我不想买"。

如图 7-3 所示，根据公众对新能源汽车产品的环境价值认知与购买意愿的交叉统计分析显示，三分之一的受调查者认为新能源汽车具备环境价值，近一半则认为不清楚或者不确定。但这些受调查者的购买意愿与其环境价值的认知并没有直接关联。简而言之，"环境价值尚可，但我不想买"。

---

[1]　图片引自《新能源汽车产业公众意识培育策略——北京数据与国际经验》，由本书作者发表于学术期刊《北京理工大学学报（社会科学版）》2017 年第 3 期。

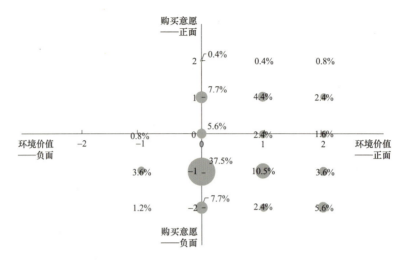

图 7-3　公众对新能源汽车产品的环境价值认知与购买意愿的交叉统计

在产业发展初期，新能源汽车的这种市场表现，正符合了"叫好不叫座"这一现象，即消费者认可新能源汽车的价值，但是不愿意为环境价值买单。在这个背后，有产业发展初期缺乏公众意识宣传培育的原因，也有产品本身技术、品质、价格等尚未符合市场预期等原因。

（二）看衰别贬低：拼多多下沉市场的早期发力

对市场需求的忽略，一个的典型案例就是"下沉市场"。笔者在此选择新冠疫情之前的市场情况进行分析和比较。

众所周知，下沉市场在 2019 年成为互联网经济的最重要战场。如 2019 年底，中国三大电商平台中，阿里巴巴年活跃买家数为 7.11 亿人，拼多多年活跃买家数为 5.85 亿人，京东年活跃买家数为 3.62 亿人。拼多多的活跃买家数保持高位增长速率，为其带来 301 亿元营收。其中，拼多多正是看中了下沉市场用户潜力巨大这一蓝海市场。截至 2019 年底，中国移动互联网用户规模达 13.19 亿人。总体用户规模已接近触顶，但三四线城市用户增速依然最高。截至 2021 年底，拼多多年度活跃买家已经达到 8.69 亿元，同比增长 10%，活跃买家年度平均消费额为 2810 元，同比增长 33%。

同样的例子还有抖音、快手等瞄准下沉市场的流量进行的精准营销。这一系列数据与市场反应表明了被忽视的下沉市场需求，是现实可行的流量池，也是数字经济时代不可舍弃的巨大红利来源。

二、数字经济时代：刻画市场需求与用户特点的复杂性

（一）市场需求的科学分析：思路与方法

本书在"商业设计"中给出的 MAPPER 商业模式引领者模型与商业模式设计方法论，可以为市场需求的科学分析提供思路和方法，市场需求的主要分析维度及内容见表 7-1、市场需求的分析流程如图 7-4 所示。

表 7-1　　　　　　　　　　　　　市场需求的主要分析维度及内容

分析维度	分析内容	分析和判断方法	分析结果
政策导向	政策支持程度、行业准入门槛、国资国企改革与电力体制监管	1）聚焦近期政策，分析研判政策趋势； 2）判断业务是否受到监管限制； 3）采用市场集中度指标设定阈值判定市场类别； 4）采用生命周期理论、时间序列测算行业技术发展、市场空间与潜力	市场阶段判断；技术路线与产品类型等的选择
行业技术水平	行业主流技术、技术近期发展速度、专利保护和技术壁垒		
市场发展趋势	市场格局（竞争者、集中度）、当前市场空间、未来市场潜力		
客户需求	客户群体（普遍/特定）、客户接受度、客户需求	目标群体的数量、用户行为、客户需求偏好分析等	目标群体选择

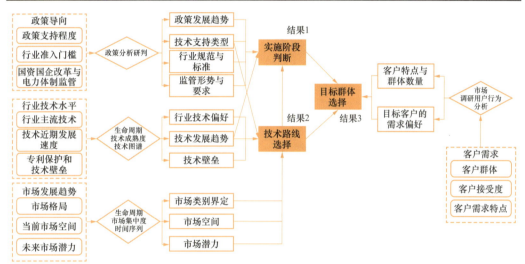

图 7-4　市场需求的分析流程❶

市场需求主要受政策导向、行业技术水平、市场发展趋势、客户需求及特点等影响。对企业来说，政策导向明确了行业的发展趋势、市场监管力度；行业技术水平与市场发展趋势明确了行业发展潜力、市场的类型和特点，它们是判断市场需求的基础，能够对市场阶段、特点、技术路线与产品类型做出基本的判断。在此基础上，采用市场调研、关键关联指标筛选、用户行为分析等相结合的方法，获取目标群体的数量和需求偏好，形成目标群体的准确选择。

（二）市场需求的刻画重点：用户、产品与流量

在数字经济时代，刻画市场需求与用户特点具有相当的复杂性，千人千面的消费个性化、新零售和全渠道融合发展、社交与圈层文化、消费新势力崛起等，使得市场领域和用户类型更加细分、细化。最终限制想象力的可能不只是贫穷，而是对真实市场的忽视。在市场需求的分析研判基础上，重点需要明确用户、产品和流量三个方面。

---

❶　详见本书商业设计篇中"能源互联网商业模式理论框架与设计方法"中的有关内容。

（1）用户方面。需要把握的是需求细分和感知精准。需求细分是指要明确核心消费者、潜力消费者、流失消费者之间的差异及转化关系，找准最有利的群体进行下手；感知精准是指对选定的消费者群体进行画像描述和认知，如他们的社交渠道、品牌认知、价格敏感性等各方面偏好，以及实时的痛点和需求。

（2）产品方面。主要是要不断地进行产品优化，并寻找合适的机会。产品优化包括了定价方法、产品组合或绑定销售方式、品类拓展策略、竞争替代策略等各方面支撑产品打开市场的决策；寻找机会指的是选定合适的渠道和营销手段进行竞争和拓展，把握潮流方式和社交媒体的热门热点，为社会需求把脉。

（3）流量方面。需要掌握需求导向、交互参与的原则。需求导向主要是指将需求导向思维融入产品投放的时机、渠道和策略，产品运营与营销的创新模式等各方面，有效捆绑流量、诊断流量、更好地利用流量；交互参与既包括了对客户的拉新、留存，也包括了跨界合作等内容。

三、思考与讨论

市场需求作为商业模式的起点，是一种基础假设和动力来源的存在。在此，笔者提出三点思考，并尝试探讨解决之道。

1. 市场需求如何调研，并能够精准形成用户所需？

笔者认为，一方面，市场需求的调研应该重视对市场和用户的快速敏捷响应，通过社交媒体、产品反馈等方式不断地更新和迭代产品特点，对流量进行诊断和分析；另一方面，在精准感知的基础上，可以采取企业设计+客户参与的方式，供需两侧相结合综合研判市场的真实需求。

2. 市场需求如何影响商业模式的开展与创新？

市场需求的目的是开展产品策划、营销策略、定价策略等商业行为，这些也是商业模式最基本的组成部分。商业模式需要市场需求调研等作为前端设计和论证的基础，以明确市场边界与目标，使商业模式的基本假设站得住脚。

3. 从市场需求角度来看，商业模式偏重实践、常见于经验总结，是否需要设计？

商业模式本质上是实践中而来，并用理论进行包装和经验总结，但并不意味着商业模式不需要设计。商业模式最需要的设计部分是"前期可研阶段"，商业模式的起点就是通过市场需求调研等明确商业目标的可达性、可行性。与此同时，针对某些企业或某些业务，其企业特性与规模决定了不可能脱离设计直接实践迭代，而是需要翔实的市场调查作为佐证。在快速迭代的数字经济时代，如何做好"商业模式的快速迭代"与"市场需求的详细调查"两者之间的平衡，是科学方法问题，也是实践经验问题。

能源互联网的用户行为刻画与
商业模式创新

一、能源互联网下用户行为分析的必要性

能源互联网兼具消费互联网的属性和产业互联网的属性，受众具有广泛性，其用户行为在业务开展过程中愈加重要。如电动汽车充换电服务，面向拥有电动车辆的个人用户，为其提供充电寻址、结算等服务，体现的是 2C 的消费互联网属性；面向充换电基础设施拥有方，提供软硬件解决方案、运维服务，体现的是 2B 的产业互联网属性。因此，能源互联网面对 2C 的产品，要更加注重用户体验，便利个人用户，产品的设计、互动和创新是重点；面向 2B 产品，更加注重功能的实现，助力企业完成整个业务的开展。要满足众多类型用户的需求，必须进行细致科学的用户行为分析。

能源互联网与用户的智能互动是重要的导向和趋势。信息化、自动化、互动化是能源互联网的重要标签，智能互动能否实现直接影响了用户的感知和能源互联网的建设成效。能源互联网在很多方面影响和引导了用户行为的变化。举例如下：

（1）通过需求侧管理使用户主动选择节约、经济的用电方式。能源互联网的建设通过构筑坚强的信息通信基础平台、提供针对性能效及用电咨询管理服务、完善经济技术保障手段将使用户更主动地选择节约、经济的用电方式，电力用户的行为将会发生一系列显著的变化。以价格信号为导向，电力用户的身份将逐步从原有的被动消费者向主动参与者转变，而经济激励措施是引发这一转变的关键因素。包括分时电价、关键峰荷电价和实时电价在内的基于时间的价格机制的推广应用，将促成终端消费者直接面对基于时间（以及空间）的价格信号并自主做出用电时间、用电方式的安排和调整。

（2）分布式发电使用户身份多元化。一批拥有分布式发电的用户将从原来的电力消费者转变为消费与销售兼有的用户身份。能源互联网可以实现分布式电源的"即插即用"、远程监视控制、双向计量和结算，并支持消费者购买或出售"绿色电力"。用户通过管理分布式电源状态与电网进行双向互动，不但用户可以从中获得可观的经济收益、确保自身供电的安全可靠，还有利于实现电网"移峰填谷"效益，实现用户与电网双赢。

二、能源互联网下的用户高度互动对商业模式创新提出挑战

能源互联网下新兴业务在开展初期就要充分考虑用户的需求特点。能源互联网新

167

兴业务对应的商业模式往往都是新的"物种"，面临一系列亟待明确的问题，包括：①是否具有巨大的市场前景；②是否具有较强的竞争力；③是否具有较好的投入产出效益；④如何发挥网络平台作用；⑤如何考虑各类用户的需求变化趋势、用户行为特点；⑥如何主动满足用户的新需求、开发相应服务内容等。

能源供应者提供的商业模式需要考虑用户行为的不确定性、策略变化，并作出动态的调整设计，否则不一定得到用户的响应，也无法达到预想效果。例如需求侧响应问题，包括：①是否能得到用户的互动反馈？②当电价峰谷差到达多少，或者可中断补贴达到什么程度才能触发用户的互动？这些都需要对用户的激励行为进行仿真模拟，放到能源运行系统中进行演化，进而找到商业模式设计的边界参数。

举例来看，如果设置不同的售电套餐，哪种套餐才是最可能被用户和市场接受的，这些必须要考虑用户的行为特点。以北美的 Direct Energy 公司为例，作为北美最大的电力、天然气及家庭和商业能源辅助服务零售供应商之一，拥有近 400 万名客户。当新客户注册 Direct Energy 并选择套餐时，会直接进入电能套餐选项系统 Direct Your Plan，并从这些选项中可以创建想要的套餐，包括合同期限长度、能效特点（可再生能源配比）、智能产品、结算选项、奖励和更多。具体内容为选择适合的电能服务类型和服务条款，确定是否需要可再生能源，然后从一系列有效产品、套餐和服务中进行选择。从比价网站为用户推荐的精选套餐产品中可以看到，德州的民众更加青睐合同期较长的固定费率产品，或者说大多数的居民客户并不喜欢不稳定的电力套餐。

三、用户参与商业模式创新的方式

1. 用户直接参与业务设计和服务产品开发

该方式可通过论坛、微博或网站等渠道，搭建一个与用户直接交流的平台，让用户直接参与产品的开发设计。如小米通过建立互联网开发平台，全球超过 150 万发烧友共同进行产品开发、测试，提出改进意见，公司通过对发烧友信息的收集形成数据库并利用数据分析技术挖掘有效信息，不断改进产品；同时，公司还通过论坛、微博等与发烧友直接沟通，倾听消费者对品牌与产品的谈论和评价，快速、全面、深入地了解消费者对产品使用的感受，及时反馈给消费者答案。

该方式不同于以往顾客接受访问、填写问卷等参与方式，它是顾客直接参与。但是问卷调查的顾客参与方式，顾客是被动参与的，是在设计者的设定下完成的参与。能源互联网下的业务产品可以借鉴互联网企业经验，在售电套餐设计、一体化解决方案构建、能源金融产品设计等方面，吸引潜在客户共同参与进来。

2. 基于用户使用数据和反馈数据的综合分析

一方面，能源供应企业普遍掌握大量的用户日常用能用电数据，可以用于把握用户和市场变化。如，对电力企业来说，可通过大数据分析，进行用户市场细分、行为刻画，针对性地改善服务模式；进一步通过与外界数据的交换，挖掘用户用电与电价、天气、交通等因素所隐藏的关联关系，完善用户用电需求预测模型，进而为各级决策者提供多维、直观、全面、深入的预测数据，主动把握市场动态。

另一方面，企业通过用户渠道获取大量产品与服务的反馈信息。企业通过建立论坛、微博、网站等专用平台方便用户在使用产品后指出产品不足，同时向用户搜集信息，广泛征求用户对产品的改进意见或对产品设计制造的创新性想法，使用户参与产品的迭代当中，助力解决产品服务、销售渠道、定价等方面的问题。

将以上运营运行数据，与用户通过社交平台或与企业直接接触提出的对产品设计、开发、改进、服务、定价、渠道等方面的建议数据共同纳入企业数据库中，企业通过对这些非结构性、多样化的数据进行分析归类，挖掘出有价值的信息，运用到产品的设计开发、质量改进等环节中。同时，企业可以通过对参与者的信息进行分析挖掘，了解产品主要消费市场，掌握消费者的消费行为和未来的消费趋势。

四、能源互联网的用户特征刻画和行为仿真方法

对能源互联网下的用户分析方法，可以分为静态和动态两类。静态即用户画像方法，动态即智能体仿真方法。

1. 用户特征刻画：用户画像

能源互联网下用户画像技术是刻画用户的基础性方法。用户画像已经在互联网行业中得到普遍应用，如刻画一个音乐类 App 的用户画像，可以选择感知有用性、感知质量、社群影响和转移成本 4 项为影响音乐用户使用行为的主要变量。其中，感知有用性指音乐推荐播放、歌单乐评等产品功能的价值；感知质量表现为音乐内容和个性化服务的质量；社群影响指参与乐评、分享、推荐等社交活跃度；转移成本指用户的音乐资产积累、时间投入及情感性依赖等。

能源互联网下的用户画像技术也在不断发展。在用户画像分析应用方面，有学者借鉴互联网行业用户画像的理念，基于多维度能耗分析，提出了适用于高比例光伏接入的园区画像模型，包括使用双聚类算法分析用户用电行为，利用 k-means 聚类分析得出园区用户画像等等；也有文献合理评估各种因素对充电负荷的影响，引入用户画像概念，通过对车辆充电行为数据的特征构建，提取生成能够描述用户充电行为的典型用户画像，包括用户行为特征、属性特征、充电负荷形态、峰谷时间、负荷率等关键指标，为合理地引导用户有序充电、考虑电动汽车充电负荷的电网规划扩容等工作提供依据。

2. 用户行为仿真：多智能体仿真技术

目前既有的关于能源电力用户的研究更多是基于宏观数据对客户用电行为进行分析，忽视了微观个体客户的信息和行为特征，也没有对多元客户类型进行全面考虑，使能源服务模式的探索不够深入完善。当面临用户的高度不确定行为时，或者无法事前收集足够多的用户行为数据时，就需要借助多智能体仿真技术，对用户的特征、行

为策略特点进行建模，通过大量样本的仿真测算，验证相关商业模式的实现结果。

智能体仿真（Agent-Based Simulation，ABS）是通过在虚拟时空环境中对智能体的特征和交互策略进行模拟，不仅能够打破样本规模和研究周期等诸多限制，还能更加准确和生动地揭示群体现象的复杂动态涌现过程。智能体仿真已经在电力市场、主体博弈、人群行为建模、网络演化等方面得到了应用。如某项研究通过对发电侧电力市场的分析，建立了面向发电侧的多智能体电力市场仿真模型，为研究发电商报价策略提供了一个良好的平台。有学者基于多智能体理论，提出了一个创新资源共享仿真模型，实验探究了不同变量对创新资源共享效果的影响，对于创新资源共享引导策略政策的制定有一定的指导作用。

能源互联网商业模式的设计中，如何更好地采用智能体仿真技术还是个巨大的挑战。一是不同业务应用场景的差异极大，需要深刻洞察相关经济领域的运行特点，还需要了解智能体仿真的计算技术，兼具综合专业的能力素质，才能完成模型设计应用；二是商业模式的用户行为仿真，本质上是对一个微缩社会的建模，需要规律性地研究个体特征、环境特征、传播特征，并需要进行大量的试错调试，难度非常大；三是如智能体仿真的建模精度准备度不足的话，可能会导致结果与现实的较大偏差，可通过系统动力学的建模对智能体仿真方法进行宏观方向的引导，叠加智能体对微观的精准刻画，共同构建商业模式的仿真联合模型。

以互联网思维推动能源互联网企业发展

互联网思维是指在移动互联网、大数据、云计算等技术不断发展的背景下，对市场、用户、产品、企业价值链乃至整个商业生态进行重新审视的思考方式。

不同的市场主体对互联网思维的认识也不尽相同。如小米科技有限责任公司董事长兼首席执行官雷军所认为的互联网思维是专注、极致、口碑、快。腾讯科技（深圳）有限公司董事会主席、首席执行官马化腾的互联网思维是便捷、表达、免费、数据思维、用户体验。各类种理解是站在行业的不同位置，结合企业市场定位、围绕自身产品特性而提出来的。

因此，能源互联网企业所需要的互联网思维也应基于战略目标、企业市场定位、产品特性等提出来。从能源互联网企业的角度来看，以互联网思维推动能源互联网建设，需要做到"人员灵活、充分授权、组织敏捷、冗余竞争、容错探索、快速迭代"六个方面。

一、互联网思维的内涵

（一）人员灵活

新兴互联网企业注重新技术研发队伍筹建与储备，并注重激励与赋能并行的人员管理方式。如新兴互联网企业一般设立较大规模的人工智能及大数据研究院，并通过绩效和股权激励等方式，保证能在任何时候吸引创造超级价值的顶级人才加入。如谷歌针对技术研发与知识创新等创造型员工的成就感和自我实现需求，改变以往单纯的激励手段，通过系列赋能管理手段，为创造者提供更高效的创造环境和工具，促进创造者的价值认同与文化归属。

推动能源互联网企业战略的落地，需要在合适的岗位安排合适的人员，这样的目标也需要在迭代流动中实现。许多大型能源电力企业，研发队伍分散于各子公司单位，规模有限。在部分单位虽已试点"虚拟分红"，但总体来说还不能满足高水平人才吸引的需求。因此，企业需要业务创新领域的人员灵活进入退出机制和职业经理人机制，以做到专业的人做专业的事情，从而使各业务团队的人员配置在自我更新、淘汰中实现科学优化；与此同时，企业可以给予创新创造者充分的创作空间和探索机会，鼓励创造性与原创性的技术创新、业务创新和体制机制创新。

（二）充分授权

企业在业务创新过程中，应以客户和市场为导向，让了解市场和客户的一线人员有充分的自主性和决策权，总部层面要充分授权，减少不必要的中间无效管理环节，使一线人员可以集中精力在思路探索和市场开拓上面。某大科技企业领导人曾指出，谁来呼唤炮火，应该让听得见炮声的人来决策。而现在我们是反过来的，机关不了解前线，但拥有太多的权利与资源，为了控制运营风险，自然而然地设置了许多流程控制点，而且不愿意授权。自此以后，该公司的市场决策逐渐向一线倾斜，最终市场一线主导，总部的定位逐步向服务支撑转变，这个改变也成就了其如今的地位。

（三）组织敏捷

企业组织结构的演变是一个不断创新、不断发展的过程，现代企业推崇以客户需求和满意度为目标，利用信息化管理手段，最大限度实现技术上的功能集成和管理上的职能集成，建立全新的过程型组织结构，以更好适应以顾客、竞争、变化为特征的环境。如某互联网企业 M 公司曾引入"爆扁爽"组织机制，"爆"是高度聚焦让用户有参与感的核心产品策略，"扁"是采取扁平化组织架构，"爽"是高于市场水平薪酬和以用户反馈为主体的考核机制，由此形成鼓励员工参与、增强员工与用户互动的组织机制。如某科技零售企业 T 公司每年至少调整一次组织架构，在应对外部环境变化的同时，通过促进平台体系搭建、人才培养、创新驱动等组织能力溢出，服务该公司业务格局调整与业务战略升级。

企业开拓能源电力主业以外的新业务、新业态时，需结合业务规模及产品特性演变进行及时优化，进行组织架构及业务流程的敏捷调整，可采取以组织机制敏捷创新实现"员工-产品-用户"的连接与参与、以组织能力溢出服务业务战略转型与升级等企业组织结构发展新趋势新策略，达到适应和匹配新业务拓展的需求。

（四）冗余竞争

在互联网思维下，适当的冗余竞争是必要的，即前期允许多个团队同步开展业务，根据市场效果确定支持对象，使得真正有竞争力的产品和团队脱颖而出。如今日头条被称为"超级 App 工厂"，具备批量生产 App 的能力，看准一个方向，开发多个产品，根据效果确定支持对象，不仅使快速试错的成本被压缩到最低，而且也实现了资源的自然聚集。从能源电力企业角度来看，可以鼓励企业内部主体自主多元探索新业务和新模式，以市场竞争的方式打破省间壁垒，营造内部互联网发展环境。

（五）容错探索

能源互联网面向开放市场与激烈竞争，需要敢闯敢试的创业精神，更需要能源电力企业形成"鼓励创新、宽容失败"的容错机制，建立灵活弹性的新业务成长考核机制。如爱彼迎（Airbnb）是一家联系旅游人士和家有空房出租的房主的服务型网站，2008 年成立，截至 2011 年实现 800% 的服务增长，是全球共享经济领域的重大创新。尽管如此，爱彼迎仍然经过十余年的努力，经历过住宿安全、隐私等信任危机，直至 2017 年才开始实现盈利。爱彼迎能够持续经营并转亏为盈，就在于其挖掘双边需求、提倡资源复用等颠覆行业的独特理念所形成的精准营销与高品牌估值，以及资本市场给予的试错成本与空间。

企业应以能源互联网建设为契机，探索短期无法盈利但具备发展潜力业务的考核机制，更加注重市场估值、用户连接数、行业潜力挖掘等方面考量。同时，针对不同业务的发展定位与生态价值，形成柔性考核价值，助力其遵循良性健康的成长路径。

（六）快速迭代

互联网企业和产品都有非常快的迭代速度。如 TMD（今日头条、美团、滴滴）晋升为互联网第二梯队用时 4～6 年，团购类企业从高峰时的 5000 家减少到 200 家只用了 3 年时间，中国互联网企业的寿命普遍为 3 年左右，业务和产品迭代呈现加速性和敏捷性。互联网时代，消费者对产品需求更迭的速度不断加快，企业为了抓住用户需求窗口期，把握市场机会，针对市场需求的反应速度逐步提升，产品更新换代周期也在逐步缩短。如抖音发展初期，App 版本迭代周期平均为 2 周，到发展中期这一周期缩短为 3～5 天。一些先进互联网企业可以在后台做到 10 秒发现感知问题，1 小时更新解决。许多能源电力企业由于体制机制原因，部分面向用户的 App 平均更新周期长达 1～2 月，在使用响应速度、功能完善程度方面差距较大，软件问题修复速度也较慢，极大地影响了用户体验。

二、能源互联网企业应用互联网思维的两点思考

（一）互联网思维之以客户为中心

以客户为中心是指以顾客群的要求为中心，其目的是通过让顾客的需求得到满足而从中获取利润，其本质是一种"以用户为导向"或"市场导向"的经营管理观念。纵观互联网企业发展史，其成功秘诀就在于精准把握用户需求与痛点，建立适应市场特点与客户需求的组织运行与管理模式，提供个性化、定制化产品服务，建立顾客忠诚与用户黏性，从而迅速占据市场地位。

传统企业的产品服务思维是以企业自我能力为中心，主要依靠增加生产或加强推销，企业重点考虑的是"我擅长生产什么""我能提供什么服务"；互联网思维是更为开放的商业逻辑，强调以客户为中心，通过挖掘用户需求、鼓励用户参与、积极倾听用户的方式形成与用户的充分互动，即企业首先考虑的是"用户需要什么"。传统的产品服务思维将逐渐被以客户为中心的互联网思维取代。

以客户为中心的理念，需要分别针对企业组织、一线员工、目标客户三个层面形成新的产品服务思维。一是组织灵活，组织架构要围绕如何实现客户需求和满意度最大化为目标，利用信息化管理手段，最大限度实现技术上的功能集成和管理上的职能集成，建立全新的过程型组织结构，以更好适应顾客和竞争变化的新需要。二是要关注一线员工的减负增效需求，不断激发积极性。充分调研一线员工在各个工作环节的工作量和诉求，采用管理优化、引入先进手段等方式为基层员工减负增效。同时，充分发挥一线员工与用户、生产密切接触的优势，建立痛点收集反馈渠道和激励机制，

使一线员工了解的用户需求及时全面地上报，使一线员工与客户积极互动，并为一线员工减负。三是用户参与，改变以往预设用户需求的局面，与用户共同设计挖掘需求。通过流量思维、社群经济、会员营销等手段，围绕客户构建用户交互平台、缩短用户交易路径、拓宽用户传播渠道等，利用用户间互动建立用户黏性，形成品牌效益。

小米科技有限责任公司（简称小米）实现了"员工-产品-用户"的深度连接与广泛参与，充分贯彻了以客户为中心理念。小米以 MIUI（手机操作系统）为核心与米粉互动，MIUI 系统用于内测用户使用和反馈后不断增加功能和改进。通过官方网站、论坛社区及客服微博等网络工具，小米能在第一时间接收客户的意见和反映，并能很快进行回复和解决问题，通过简单省钱快捷的网络和渠道广泛的服务系统，大大节约客户的时间；小米还会不定期地举行小米同城会增加与客户之间的互动。小米基于用户反馈倒逼管理改进，其高管团队可以通过用户的反馈来熟悉和了解产品的详细情况。在企业快速成长阶段，创始人团队每人每天会花 1 小时来回复微博上的评论。不仅如此，在小米，全员皆客服。小米论坛每天新增 12 万个帖子，经过筛选，有实质内容的帖子大约有 8000 条，平均每天每个工程师要回复 150 个帖子。工程师的反馈在每个帖子后面都会有一个状态，比如已收录、正在解决、已解决、已验证。通过赋予用户高度的参与感，小米把管理员工的任务交给了几千万米粉。

（二）互联网思维之快速随需迭代

快速随需迭代是指市场主体快速响应用户需求，依靠用户的集体智慧，帮助实现自身产品的优化、完善、改进、提升的过程，即"从群众中来，到群众中去"。快速随需迭代是当前互联网背景下，抓住客户需求，提升客户黏性、提高产品竞争性、降低产品开发风险的关键举措，是企业互联网思维的重要体现。

"三敏"即客户需求敏锐、市场反应敏感、产品优化敏捷，其是实现快速随需迭代的三大要点。一是客户需求敏锐，关键是真正全面准确了解客户需求，杜绝闭门造车，脱离市场和用户需求而想当然地开发设计产品；二是市场反应敏感，关键是要下沉到一线，真正贴近用户的专业队伍去及时了解市场和用户需求，跟准市场发展步伐，同时充分向一线赋权，让"让能听到炮火声的一线呼唤炮火"；三是产品优化敏捷，关键是在产品全流程开发过程能控、可控的基础上，"打准点"，快速完成产品的优化、改进、提升。

传统的产品开发推广思维是一个静态过程，根据一个时间节点的市场需求，开发全功能产品投放市场。成功了，企业有收益；失败了，产品退出市场，重新开发新的产品。互联网思维下的产品快速随需迭代是一个动态过程，需求，产品设计、优化、改进、提升，市场推广等每个环节均根据市场和用户变化，并紧密联动。其较传统思维有三个典型优势：一是快速随需迭代能将所有的用户真实需求在产品中予以快速体现，使产品更贴近用户、精准服务用户，从而真正抓住客户需求，大幅提升客户黏性；二是有效缩短从商业模式设计到初代产品市场投放周期，增加产品的市场适应性和灵活性，大大提升企业市场竞争力；三是减少产品设计过程中的盲目投入，有效降低产品开发成本风险。

微信是快速随需迭代思维的典范，充分借助海量用户的集体智慧，实现产品"出生-成长-成熟"的全环节快速迭代，真正做到了"三敏"。一是客户需求敏锐。从产品设计之初，深刻洞察到移动互联网浪潮下，传统的即时通信软件使用场景匮乏问题，在产品快速普及过程中，准确找准"移动支付"与"即时通信"的结合点。二是市场反应敏感。微信设置了专业的反馈渠道和专业研发团队搜集整理用户反馈的使用问题和新的需求设想。微信发布 1.0 版本时，仅有最基本的即时通信、更换头像等功能，但收到用户反馈后，积极对产品进行升级打造，迅速推出相应版本，目前已经到了 7.0 版本。三是产品优化敏捷。2010—2018 年，微信版本从 1.0 至 6.3，共更新发布 55 个版本，平均每周迭代更新一次小版本。这样的快速迭代让微信在其发展初期迅速占领市场，10 个月 5000 万手机用户，在 433 天内完成用户数从零到 1 亿人的增长。

从具体操作层面来说，微信团队使用了敏捷开发的模式，整个开发过程中产品不断修改，哪怕在发布前的 10 分钟，也要允许产品决策者提出变更。为了给产品决策者提供最大的自由度，敏捷原则成为整个开发流程的指导原则，极度敏捷也成为技术团队乃至整个微信团队的追求。微信团队的开发流程同样包含瀑布式开发中的主要步骤，即决策——需求评审——细化产品设计——交互设计——开发——迭代——灰度发布——测试——上线运营，但是这个过程微信团队是并发来做的，同时整个开发过程中充满了由需求变动驱动的"微循环"。在每个"微循环"的起点——需求提出环节，产品经理、交互团队和技术团队的同事一起对平时收集到的用户需求和意见进行讨论。

需求的快速变动要求开发团队不断修改甚至是重写代码，这给开发团队带来了巨大的困难和压力。为了预防和缓解这个问题，微信团队在基本技术架构中确立了"大系统小做""让一切可扩展""必须有基础组件"等几个原则。这样的技术构架能保证"产品层面的改动对技术层的影响不会太大"，为技术团队适应敏捷提供基本能力。如在微信朋友圈的开发过程中，经历了很多次变动，开发了好几十个版本，但数据模型是不变的。所以在产品设计和细节还没成型时，从后台到协议设计到本地存储的整个数据结构设计都已经初具形态，界面的框架也可以先做出来，等设计最终确定时，技术架构已进入准备阶段，这就大大提高了迭代效率。

参 考 文 献

［1］ Afuah A，Tucci C L. Internet business models and strategies text and cases（2nd ed.）［J］. Boston：McGraw-Hill，2003.

［2］ Baden-Fuller C，Morgan M S. Business models as models［J］. Long Range Planning，2010，43 （2-3）：156-171.

［3］ Casadesus-Masanell R，Ricart J E. From strategy to business models and onto tactics［J］. Long Range Planning，2010，43（2）：195-215.

［4］ Chesbrough H W，Rosenbloom R S. The Role of Business Model in Capturing Value from Innovation：Evidence from Xerox Corporation's Technology Spinoff Companies［J］. Industrial and Corporate Change. 2002，11（3）：529-550.

［5］ Johnson M W，Christensen C M，Kagermann H. Reinventing your business model［J］. Harvard Business Review，2008，86（12）：57-68.

［6］ Morris M，Schindehuttes M，Allen J. The entrepreneur's business model：toward a unified perspective ［J］. Journal of business research，2005，58（6）：726-735.

［7］ Osterwalder A，Pigneur Y，Tucci C L. Clarifying business models：Origins，present，and future of the concept［J］. Communications of the association for Information Systems，2005，16（1）：1.

［8］ Porter M，Siggelkow N. Contextuality within activity systems and sustainability of competitive advantage［J］. The Academy of Management Perspectives，2008，22（2）：34-56.

［9］ Stabell C B，Fjeldstad Ø D. Configuring value for competitive advantage：on chains，shops，and networks. Strategic management journal，1998：19（5），413-437.

［10］ Timmers P. Business models for electronic markets［J］. Journal on Electronic Markets，1998，8 （2）：3-8.

［11］ 丁慧平，傅俊元，罗斌. 企业成长能力的演进机理——以建筑企业为例［J］. 管理学报，2009，6（05）：615-621.

［12］ 李苏秀，刘颖琦，张力，等. 战略性新兴产业商业模式创新的系统理论框架［J］. 科学学研究，2018，36（06）：1110-1118.

［13］ 李志强，赵卫军. 企业技术创新与商业模式创新的协同研究［J］. 中国软科学，2012，10（8）：117-124.

［14］ 罗仲伟，任国良，焦豪，等. 动态能力、技术范式转变与创新战略——基于腾讯微信"整合"与"迭代"微创新的纵向案例分析［J］. 管理世界，2014（08）：152-168.

［15］ 宁晓静，张毅，林湘宁，等. 基于物理-信息-价值的能源区块链分析［J］. 电网技术，2018，

42（07）：2312-2323.

［16］彭新敏，吴晓波，吴东. 基于二次创新动态过程的企业网络与组织学习平衡模式演化——海天 1971～2010 年纵向案例研究［J］. 管理世界，2011（04）：138-149+166+188.

［17］钱雨，张大鹏，孙新波，等. 基于价值共创理论的智能制造型企业商业模式演化机制案例研究［J］. 科学学与科学技术管理，2018，39（12）：123-141.

［18］孙永波. 商业模式创新与竞争优势［J］. 管理世界，2011（7）：182-183.

［19］魏炜，朱武祥，林桂平. 基于利益相关者交易结构的商业模式理论［J］. 管理世界，2012（12）：125-131.

［20］闫湖，黄碧斌，卢毓东，等. "互联网+"客户侧分布式电源增值服务价值分析与商业模式研究［J］. 中国电力，2018，51（05）：160-165+178.

［21］阳双梅，孙锐. 论技术创新与商业模式创新的关系［J］. 科学学研究，2013，31（10）：1572-1580.

［22］约瑟夫·阿洛伊斯·熊彼特. 经济发展理论——对于利润、资本、信贷、利息和经济周期的考察［M］. 何畏，易家详，张军扩，等，译. 北京：商务印书馆，2009.

［23］张海涛，李题印，徐海玲，等. 商务网络信息生态链价值流动的 GERT 网络模型研究［J］. 情报理论与实践，2019，42（09）：35-40+51.

［24］赵绘存. 商业模式创新发展态势的知识图谱分析［J］. 中国科技论坛，2016（1）：38-43.

［25］周孝信，曾嵘，高峰，等. 能源互联网的发展现状与展望［J］. 中国科学：信息科学，2017，47（02）：149-170.

重点模型、工具与方法索引

页码	模型工具与方法名称	理论方法参考	适用场景或解释内容
14	"三新"体系	创新战略、创新经济学、产业组织理论等	对新产业、新业态、新模式，以及新产品、新服务、新生态等各类概念的关系界定
25	能源互联网产业图谱	产业链、供应链、价值链分析法等	对能源互联网的全产业体系分解和相关重点企业梳理
32	能源互联网产业发展支撑国内大循环新格局的价值机理	新发展格局、价值理论、产业经济学等	对能源互联网支撑新发展格局的作用和价值逻辑的界定和解读
37	产业规模测算通用方法（7种）	产业经济学、市场营销分析等	适用于不同类型行业的规模测算
48	能源互联网新兴业务集群发展体系（点-线-面-体）	竞争优势理论、集群创新系统、多元化战略等	适用于企业对新兴业务的集群化发展规划、整体管控规划等
49	能源互联网新兴业务发展矩阵	波士顿矩阵、模块创新、多元化战略等	适用于新兴业务的规划、比选与策略分析等
59	能源互联网商务拓展战略体系结构	营销战略、业务流程管理与再造等	适用于企业商务拓展体系构建、业务拓展策略分析及业态创新
70	平台型业务发展"三螺旋"模型	VUCA 环境理论、价值网络理论、对外赋能理论、生命周期理论等	适用于对平台型业务的发展周期、发展环境、能力、关键要素等的研究设计
72	平台型业务发展的能力跃迁路径	资源基础理论、动态能力理论、赋能理论等	适用于平台型业务的能力提升与平台赋能发展分析
86	能源互联网商业模式的整体理论架构	战略竞争力、商业模式创新、公司战略等	适用于企业商业模式创新的整体多层次规划和认知明确
87	MAPPER 商业模式引领者模型	商业模式创新、钻石模型、五力模型、战略分析与选择等	适用于各类业务及具体项目的商业模式设计，也可用于对现有商业模式的验证和诊断
96	能源互联网价值创造体系规划架构	价值理论、竞争优势理论	对能源互联网价值创造机理、新兴业务及商业模式的价值视角的解读
110	能源互联网商业模式迭代体系	商业模式创新、企业经营再造理论、管理循环方法、创新动态模型等	主要适用于对现有商业模式的验证、诊断、迭代，也可以用于商业模式的改进和再设计
127	平台商业模式的价值流动机理研究框架	价值流动理论、平台型业务发展理论等	适用于对流量平台的设计分析
139	碳新兴业务体系的内涵逻辑	低碳经济学、战略管理、业务流程管理与再造等	适用于对碳业务的规划、设计与管理